Una vac
dos niños
y trescientos
ruiseñores

JN050884

Ignacio Sanz
Patricia Metola

notas: Shu Tsuzumi

Editorial ASAHI

1 頭の牝牛(め)と 2 人の子どもと 300 羽のナイチンゲール　HP

https://text.asahipress.com/free/spanish/unavaca/index.html

Original Title: Una vaca, dos niños y trescientos ruiseñores

Author: Ignacio Sanz

Illustrator: Patricia Metola

©EDITORIAL LUIS VIVES, España, 2010

まえがき

　これから皆さんといっしょに読もうとしている作品、スペインの作家イグナシオ・サンスが2010年に発表した *Una vaca, dos niños y trescientos ruiseñores* は、エデルビベス Edelvives という出版社が8歳からの読者を対象に出している児童文学のシリーズの1冊です。これを聞いて、「あれっ、こどもの本か」と思った方がおられるでしょうか。いえいえ、そのように侮ることなかれ、本作は、すぐれた児童文学は大人をもひきつけてやまない格好の例になっています。ミュージカルの原作にもなっている、物語の主人公たちと同郷のチリの作家ルイス・セプルベダの *Historia de una gaviota y del gato que le enseñó a volar* が「8歳から88歳までの若い人びと向きの小説」と副題にうたったように、真に良質の文学作品は読み手の年齢を選びません。主人公の二人のこどもたち ─ ネラとビセンティト、ぜひおぼえてやってください ─ の年齢は10歳と11歳ですから、この教科書を手にする皆さんよりかなり年下です。しかし彼らが持つ、未知のものにすなおに目を見張り、ひたすら善意から何かに尽くそうとするこの多感な頃の感情をまだおぼえておられるのではないでしょうか。

　さて、こどもたちの父親ビセンテ・ウイドブロは実在の人物です（こどもたちも！）。チリの国民的詩人であり、フランスの都パリではパブロ・ピカソやギヨーム・アポリネールらの芸術家たちと交流して、国際的にも名を馳せました。ノーベル文学賞の候補にもなっています（残念ながら、同胞の詩人ガブリエラ・ミストラルとパブロ・ネルーダがその栄誉に浴している受賞はかないませんでした）。ウイドブロ家はチリ屈指の名家で、首都サンティアゴ・デ・チレの目抜き通りに邸宅をかまえていました。家のなかに礼拝堂があり、日曜日には教会に出かけず礼拝ができたというのですから、当時、ほかの裕福な人びともしていたという牛を連れて船に乗るという殿様ぶりも、詩人にしてみれば日常の延長だったのかもしれません。

　この物語の作者であるサンスは、ローマ時代の水道橋で有名な古都セゴビアから50キロメートルほどの距離にあるカスティリャ・イ・レオン地方の街、ラストラス・デ・クエリャルで1953年に生まれました。マドリードのコンプルテンセ大学で社会学を学んだのち、今日まで作家として活躍しています。児童文学だけでなく、一般向けの小説や紀行の書き手でもあり、そこでナイチンゲールたちを集めるマリョルカ島の描写など、本作にも多才の片鱗がのぞきます。

　物語はこども向けとはいえ、いえ、だからこその深みを秘めています。編者に比べてはるかにこどもたちに年齢の近い皆さんは、彼らが抱くさまざまな感情の揺れを今でも自分のものとして汲み上げることができるのではないでしょうか。ただ、そのために二つの乗り越えなくてはならない課題があります。語彙と文法です。

　前者については、一生懸命、つねに辞書を引いてください。ここでのこの単語はこうした意味です、と各ページに配した注に記しておくのは難しいことではありませんが、あえてそうしていません。成句は別として他は、特別な使われ方をしていたり、特殊な用語であったり、そのようなごく一部のものにとどめました。

　日本語でも、ひとつの単語が複数の意味を持つことがごく当たり前にあります。しかし、わたしたちはたいてい、文脈のなかでその正しい語義を容易に見つけます。スペイン語でも同様で、多くの語が二つ以上の語義を担っています。そのどれが適切なのかを見出すことは、文脈をしっかりと理解することにつながります。ぜひその力を身につけてください。そのためには辞書とにらめっこをするだけでなく、まずは段落を、ページの全体を読み通しましょう。これは編者が師事する先生に教わったことですが、意

味の分からない単語があっても、文の流れがつかめれば、内容は頭のなかに浸透してきます。すると、こんどは不明であった単語のあるべき意味もすっと選ぶことができるようになります。

　文法事項については、原則としてはそれが初めて出てくるところに注を付しています。ただし、初級文法で簡単にだけ紹介されているか、あるいはまったく触れないこともある接続法に関しては、どうしてそれが用いられるのか、同じ用法であっても繰り返し説明している場合があります。また前に出てからしばらくページが空いている時、付加的な説明がある時、不規則活用の動詞が使われている時などにも似た注をふたたび置いています。

　話を作品に戻すと、原著には作者と同じくスペイン出身のイラストレーター、パトリシア・メトーラのかわいらしいイラストが載っています。絵が魅力を物語に添えるのはラノベだけではありません。幸い朝日出版社第一編集部の山田敏之さんが本書にもそれを掲載する許可を得てくださいました。他にも、山田さんには、何度も足を運んでくださった大阪は千里山にある関西大学の研究室でお話しするなか、様々なアイデアを提供していただき、なかなか進まずにいた仕事を、最後にはヨランダ・フェルナンデス先生とイグナシオ・ペドロサ先生によるこれもすてきな朗読も聴ける立派な本に仕立てていただきました。厚くお礼申し上げます。

　中・上級のクラスを想定しているため、作品を1年で読み切るには骨が折れるかもしれません。注を手がかりにして辞書をかたわらに置き、ぜひ皆さんの力でスペイン語の物語を読み進めてください。自力で読了した時、ひとしおの感興をおぼえることでしょう。それでは ¡Buen viaje!「よい航海を！」

2020 年 10 月

編者

ÍNDICE

装丁 ― メディア・アート

1 *Comencemos¹ por el principio*

Al poeta chileno Vicente Huidobroⁱ, su país se le hacía muy alargado y demasiado estrecho². Y se había propuesto viajar a Europa³ para ensanchar sus horizontes. Sobre todo⁴, quería ir a Madrid y a París. Allí vivían algunos de los escritores más importantes del mundo y él, que comenzaba a escribir y
5 tenía muchas inquietudes, deseaba establecerse donde ocurrían los acontecimientos literarios.

A Huidobro le gustaba jugar con las palabras, como si fuera⁵ un niño travieso. Algunos de sus poemas resultaban un poco desconcertantes para las personas mayores y serias. Escribía, por ejemplo:

10

La montaña y el montaño
Con su luno y con su luna.

También le divertía hacer combinaciones curiosas con palabras.

15

La violondrina y el goloncelo⁶.

Cuando Vicente Huidobro decidió viajar a Europa tenía 23 años y era padre de dos hijos: Manuela y Vicentito.
20 Su mujer, doña Manuela Portalesⁱⁱ, le advirtió de esa dificultad:
— ¿Cómo vamos a viajar a Europa con dos niños tan pequeños?

---

1 **comenzar por ...** 「〜から始める」。接続法現在 1 人称複数に活用しており、勧誘表現になっている。

2 **hacerse a + 人** 「（人にとって）〜のように思える」。この文では、Al poeta Vicente Huidobro が「a + 人」に相当し、間接目的格人称代名詞 le がそれと重複している。

3 **proponerse + 不定詞** 「〜することにする」。ここでは、直説法過去完了に活用している（propuesto は proponer の過去分詞）。

4 **sobre todo** 「ことに」、「とりわけ」。

5 **como si + 接続法過去** 「まるで〜であるかのように」。なお接続法過去の活用は、直説法点過去の 3 人称複数から -ron を除いたものを語幹として、-ra, -ras, -ra, (-á-/-ié-)ramos, -rais, -ran の語尾を加える（-ra 形と呼ばれる。-se, -ses, -se, (-á-/-ié-)semos, -seis, -sen の -se 形もある）。

6 *La violondrina y el goloncelo* violoncelo と golondrina をもじった遊び。

— En barco, vamos a viajar en barco, como todo el mundo[7].

— Los niños pequeños se marean en el barco.

— Tendrán que acostumbrarse. Además, sus cuidadoras los distraerán para que no se mareen[8].

La de Huidobro[9] era una familia de banqueros y políticos que vivía a lo grande[10]. El dinero corría a raudales[11] por sus manos, de manera que no reparaban en gastos. Llevarían a las dos niñeras, una para cada hijo. Se llamaban Arsenia y Segunda[iii].

— Pero en el barco extrañarán los alimentos — insistía doña Manuela.

— No, ten por seguro que no extrañarán los alimentos[12] — le respondió Huidobro.

— ¿Y tú cómo sabes que no van a extrañar los alimentos?

— Por una razón muy simple: el alimento fundamental de un niño es la leche, y yo me voy a ocupar de que no les falte[13] leche en el barco. Leche de la mejor calidad.

— Nuestros niños son muy delicados. Echarán de menos[14] la que toman en casa.

— Te aseguro que no, que no la extrañarán — repitió Huidobro de manera rotunda[15].

— ¿Y por qué estás tan seguro?

— Porque voy a embarcar a la *Jacinta*[iv].

---

7 **todo el mundo** 「みんな」、「全員」。

8 **para que + 接続法** (se mareen ← marearse) 「～するように」、「～となるように」。目的を表す。

9 **La de Huidobro** la familia de Huidobro の意。定冠詞 + 名詞 + 形容詞（形容詞句）の形を取る場合、名詞が省略されることがある。ここでは、familia が後ろで繰り返されるので、この定冠詞の代名詞的用法が用いられた。

10 **a lo grande** 「豪華に」。

11 **a raudales** 「ふんだんに」。

12 **tener por seguro que** 「～と確信する」。ten は tener の命令法 2 人称単数。

13 **ocuparse de que + 接続法** (falte ← faltar) 「～するように面倒を見る」。ir a + 不定詞（「～するつもり」、「～するだろう」）と組み合わさっている。

14 **echar de menos** 「～を懐かしむ」。直接目的語の la que toman en casa は、la leche que toman en casa のこと。

15 **de manera rotunda** 「決然とした態度で」。rotundamente の意。de manera + 形容詞（女性形）は副詞句を作る。

🎧 ①3 ② *El* Tierra del Fuego

Al poeta Vicente Huidobro le gustaba hacer las cosas a lo grande[1]. Dicho en otras palabras[2], era de esos poetas que nunca se andaban con pequeñeces.

El barco más seguro que hacía la travesía entre Chile y España era el trasatlántico *Tierra del Fuego*[3]. No estaba equipado con tanto lujo como el
5 *Titanic*[4], origen entonces de muchos comentarios en medio mundo tras su trágico hundimiento al chocar[5] con un iceberg, pero realizaba la misma ruta desde hacía algunos años[6] y nunca había tenido problemas.

Se trataba de un buque mixto, dedicado al transporte de personas y de mercancías. Tenía 151 metros de eslora y 25 de manga[7]. El *Titanic* lo superaba
10 ampliamente en longitud y anchura, pero ni el tamaño ni el lujo de un barco[8] garantizan la seguridad que tanto preocupaba a doña Manuela.

En su singladura a Europa, Huidobro pretendía embarcar en el *Tierra del Fuego*[9] a su mujer, a sus hijos Nela y Vicentito[v], a las niñeras Arsenia y Segunda, y a Faustino[vi], el cuidador y responsable de la *Jacinta*, el primer
15 animal de esta historia.

---

1 **a lo grande**　「豪華に」。

2 **dicho en otras palabras**　「別の言葉で言えば」、「換言すると」。

3 **el trasatlántico *Tierra del Fuego***　「大西洋連絡貨物客船、ティエラ・デル・フエゴ号」。「火の土地」を意味するこの船名は、南アメリカ大陸最南端に位置する島々から取られている。

4 **tanto ... como ～**　「～と同じくらい多くの……」。tanto は形容詞で、名詞 lujo にかかる。el *Titanic* は、1912 年の就航当時、比類ない豪華さを誇った大西洋連絡客船「タイタニック号」のこと。最初の営業航海で氷山に衝突し、沈没。1502 名の犠牲者を出す悲劇となった。

5 **al + 不定詞**　「～する（した）時に」。

6 **hacía（3 人称単数）+ 時間表現**　「～前に」。たとえば、hace una semana は「一週間前に」。ここでは出来事全般が過去時制で語られているため、hacía と線過去になっている。

7 **manga**　「袖」の意もあるが、ここでは「船幅」の意。eslora は「船長」。

8 **ni ... ni ...**　「…も…も～ない」。否定の並列。ni が否定語なので no はないが、続く動詞（garantizar）は否定される。

9 **el *Tierra del Fuego***　定冠詞が男性単数形なのは、名詞 trasatlántico が省略されているため。

4

3 ¿Quién era la Jacinta?

Por supuesto[1], la *Jacinta* era una vaca. Y no viajaría en el barco como una simple mascota; a la *Jacinta*, Huidobro la quería incluir en aquella expedición por[2] la extraordinaria calidad y dulzura natural de su leche. No solo eso, además era una vaca elegante, de andares armoniosos y piel lustrosa, que lucía grandes manchas blancas y negras. La *Jacinta* era un ejemplar de magnífica estampa[3] que, dentro de la especie bovina, provocaba mucha admiración.   5

Unos días antes de embarcar, a Vicente Huidobro le tocó negociar de manera concienzuda con el capitán Ernesto Guajardo[vii], que se negaba a subir en su barco un animal tan grande.

Lo siento, pero en el *Tierra del Fuego* únicamente se admiten amnimales de compañía[4] — pretextó tajante[5] el capitán.   15

— La *Jacinta* es nuestro animal de compañia— replicó Vicente Huidobro.

— Esta naviera solo considera animales de compañía a los perros y a los gatos.   20

— ¿Y a los lagartos?

---

1   **por supuesto**   「もちろん」。
2   **por**   理由を示す。
3   **estampa**   ここでは「外見」の意。
4   **animal de compañía**   「ペット」。
5   **tajante**   形容詞だが、主語に対する補語として副詞的に働いている。

— Si viajan enjaulados[6], también.

— ¿Y a los loros?

— Los loros podrían considerarse animales de compañía, por supuesto.

— ¿O sea que[7] los loros parlanchines, los lagartos pellejudos[8], los perros ladradores y los gatos caprichosos tienen más derechos que una vaca? ¡Esto es el colmo![9] Incluso entre los animales los hay[10] de primera y de segunda. ¡Vaya[11] discriminación! ¿Por qué existe este favoritismo entre los animales?— preguntó enfadado[12] Vicente Huidobro al capitán Guajardo.

— Por su tamaño, señor Huidobro, simplemente por su tamaño; un perro, un gato, un lagarto, un loro, apenas ocupan espacio, pero una vaca… ¿Usted sabe lo que[13] ocupa una vaca? — clamó el capitán Guajardo cargado de razón[14].

— No se trata de una vaca, capitán, se trata de la *Jacinta*. A ver si lo entiende usted. Mis hijos están acostumbrados a su leche y donde vayan mis hijos ha de[15] ir la *Jacinta*. El destino ha unido sus vidas.

— Me gustaría saber qué tiene de especial[16] la leche de la *Jacinta*— quiso saber el capitán Guajardo.

Vicente Huidobro miró seriamente al capitán antes de responderle.

— La vida es un misterio, capitán, y el ser humano un animal de

---

6 **enjaulado** 5 ページの注 5 の tajante と同様に主格補語。主格補語として用いられる形容詞や過去分詞は、主語に対して性と数の一致をする。このような形容詞の副詞的な用法は、以下にも多用される。

7 **o sea que(o sea)** 「つまり」。

8 **pellejudo, -da** 「皮膚のたるんだ」。cf. pellejo「皮膚」、「皮革」。

9 **ser el colmo** 「(〜は) あまりにひどい」。

10 **los hay** los は animales を指す。存在を表す動詞 hay (haber の3人称単数) に後置される名詞は文法的には直接目的語であるため、代名詞で受ける場合には直接目的格人称代名詞 (lo/la, los/las) が用いられる。さらに hay の後ろの形容詞 (句) はそれにかかるので、具体的な名詞に置き換えれば、hay animales de primera y de segunda となる。

11 **¡vaya (ir の接続法現在3人称単数)！** 驚きなどを表す間投詞。

12 **enfadado** preguntar の主語 Vicente Huidobro の様子を表す補語。

13 **lo que 〜** 「〜すること」。名詞句を作る。

14 **cargado, -da de razón** 「十分な根拠をもって」。

15 **haber de + 不定詞** 「〜しなくてはならない」。ir の目的地を示す donde は具体的な場所ではないので vayan と接続法が用いられている。

16 **saber qué tiene de especial** 間接疑問文。「何か特別なところがあるのかを知る」。la leche de la *Jacinta* が tener の主語。

6

costumbres[17]. Mis hijos, vaya usted a saber por qué[18], aborrecen cualquier otra leche, de modo que[19] no podemos alejarnos de la *Jacinta*. ¿No querrá que caiga sobre su conciencia la responsabilidad de su muerte por desnutrición?

— ¿Cómo?

— Ya le he dicho, capitán, que el ser humano es un animal de costumbres. Es verdad que nosotros hemos atendido en extremo la alimentación de la *Jacinta* y que Faustino, el hombre que la cuida y la ordeña, también le pone[20] en el pesebre, entre el heno y la cebada, terrones de azúcar y alguna pieza de

fruta madura. Así que su leche es dulce y cremosa[21], una leche como usted no habrá probado nunca[22]. Por eso la *Jacinta* es como un miembro más de la familia, y donde vaya mi familia[23] ha de ir ella. ¿Lo entiende?

El capitán parecía francamente desconcertado.

— Todavía más — prosiguió Huidobro : la *Jacinta* es muy generosa. Cada día[24], en el ordeño, da unos veinticinco litros de leche dulce y cremosa. Mi familia consume dos o tres. Eso en el mejor de los casos. Pues bien, estoy dispuesto a ofrecer desinteresadamente a la tripulación y a los pasajeros del *Tierra del Fuego* la leche sobrante. Estoy seguro, capitán, de que ni unos ni otros[25] habrán probado una leche tan sabrosa.

---

17 **el ser humano un animal de costumbes**　文の前半 (La vida es un misterio) と同様、動詞は es だが、省略されている。（7ページ5行目を参照）

18 **vaya usted a saber por qué**　「どうしたわけだか」。

19 **de modo que** + 直説法　「だから…」。

20 他動詞 **ponei**　直接目的語は少し離れており、terrones de azúcar y alguna pieza de fruta madura。

21 **así que** + 直説法　「そのようなわけで…」。

22 **no habrá probado nunca**　未来完了 (haber の直説法未来＋過去分詞)。現在完了の推量を表す。

23 **donde vaya mi familia**　donde は関係詞で先行詞を含み「～するところ」だが、特定の場所ではないために ir は接続法。続く ha de ir (haber de + 不定詞は「～しなければならない」)の目的地を示す。

24 **cada día**　「毎日」。

25 **ni unos ni otros**　「誰も～ない」。

Al capitán Guajardo le picó la curiosidad. Le gustaba mucho el café con leche, el arroz con leche, la leche frita[26] y las natillas, pero el cocinero del *Tierra del Fuego* solo podía ofrecer a sus pasajeros platos elaborados con leche los primeros días de navegación porque luego, cuando el barco tocaba la zona de los trópicos, con el calor sofocante, la leche se estropeaba de manera irremediable[27].

El *Tierra del Fuego* navegaba desde hacía más de diez años[28] con la misma ruta: Valparaíso-Buenos Aires-Cádiz-Barcelona[viii] y Barcelona-Cádiz-Buenos Aires-Valparaíso. Los meses impares salía de Valparaíso y los pares[29] lo hacía desde Barcelona. En todos esos años nunca había transportado una vaca como animal de compañía. Así se lo hizo saber el capitán Ernesto Guajardo a Vicente Huidobro.

— Pues ya va siendo hora. El futuro, capitán, es de los innovadores.

El capitán no encontró otros argumentos con los que rebatir al poeta. Así fue como Vicente Huidobro dio por[30] acabada aquella discusión.

---

26 **leche frita**　「ミルクパイ」。frito, -ta は freír「揚げる」の過去分詞。

27 **de manera irremediable**　de manera + 形容詞による副詞句。irremediablemente と同意。

28 **desde hacía diez años**　「〜前に」を表す hace + 時間表現が線過去形で用いられている。

29 **los pares**　名詞の省略。直前の los meses impares と呼応しており、los meses pares の意。

30 **dar por ...** + 直接目的語 (aquella discusión)　「(直接目的語) を〜とみなす」。

4 *Los preparativos*

Además de la tripulación, del resto de los pasajeros, de la familia Huidobro, de las niñeras Arsenia y Segunda, de Faustino, el responsable de la *Jacinta*, y de la *Jacinta* misma, hubo que embarcar¹ en el *Tierra del Fuego* un carro lleno de heno y dos sacos de cebada para asegurar la alimentación de la vaca durante la travesía. Y sesenta bidones de agua dulce², porque, como todo el mundo sabe, para que una vaca produzca leche necesita beber gran cantidad de agua.

Pero, además, fue necesario construir una caseta de madera en la cubierta del barco para que la *Jacinta* no echase de menos³ el cómodo establo en el que había vivido en la casona señorial que los Huidobro tenían en Santiago. Ahí había sido tratada con los mimos y la consideración de la reina de las vacas.

Con postes, tablas y tablones, en un día de frenética actividad, quedó levantada la caseta de madera⁴ tal como Faustino, su ordeñador, había dispuesto⁵.

---

1 **haber**（3人称単数）**que** + 不定詞　「（一般的に）～しなくてはならない」。ここでの haber の活用は直説法点過去。直説法現在であれば、hay que embarcar となる。
2 **agua dulce**　「真水」。
3 **echar de menos**　「～（の不在）を寂しがる」。para que が接続法（接続法過去の se 形）を導いている。
4 **levantada la caseta de madera**　動詞 quedar の主語はla caseta de madera。levantadaはその補語で、性と数が一致している。
5 **tal como ...**　「～する（した）通りに」。

5 *El viaje a Europa*

El viaje a España desde Valparaíso, con escala en Buenos Aires, resultó muy entretenido. Algunos pasajeros, conscientes de la calidad de la leche que se les ofrecía en el desayuno y en los postres, se sintieron agradecidos tanto a Faustino como[1] al matrimonio Huidobro. También los hubo que ocuparon
5 parte de sus paseos por la cubierta en mostrar a sus hijos el modo en el que Faustino, sentado en la banqueta, con un cubo de metal entre las piernas, ordeñaba[2] a la *Jacinta*.

Nela y Vicentito eran tan pequeños que[3], años después, cuando les preguntaron por aquel viaje, afirmaban no
10 guardar ni el más mínimo recuerdo. Tampoco se acordaban de[4] cómo, al llegar a Cádiz, la *Jacinta*, después de desembarcar, fue subida con grandes dificultades en un vagón de mercancías que la compañía de ferrocarriles dispuso tras el último vagón de pasajeros, reservado en exclusiva para la familia Huidobro.

15 Al llegar a Madrid, los Huidobro acomodaron a la *Jacinta* en una vaquería al principio de la calle Princesa[5], muy cerca del hostal donde se hospedaban, en la plaza dc España.

---

1 **tanto ... como ...** 「～と同じくらい…も」。ここでは、どちらも agradecidos a ... という感謝の対象を示している。

2 **ordeñaba** 主語は Faustino。先行する sentado en la banqueta, con un cubo de metal entre las piernas, はその様子の説明で sentarse の過去分詞が主語に性数一致している。

3 **tan + 形容詞 que ...** 「あまりに～なので、…」。

4 **Tampoco se acordaban de ...** acordarse de ... は「…をおぼえている」。間接疑問文となっていて、acordarse de cómo fue subida ... とつながる。ser の主語は la *Jacinta*。

5 **la calle Princesa** 「プリンセサ大通り」は、マドリードの目抜き通りの一つ。グランビア大通りが終わるスペイン広場の辺りからモンクロアまで北上する。

10

Los Huidobro pasaron unos meses en Madrid y luego partieron en tren hacia París.

El tren salió a primera hora de la noche; aquel día, Faustino, nada más hacer[6] el ordeño matutino, limpió a la *Jacinta* con el cepillo de cerdas para que estuviera presentable y la sacó de la vaquería, tirando del ramal[7], y, después de un paseíto[8] por la plaza de España, bajaron por el paseo del Príncipe hasta la estación del Norte, de donde salían los trenes hasta San Sebastián[ix]. La *Jacinta* ya conocía el camino.

En aquella época en la que solo los grandes potentados tenían coche, a nadie le extrañaba[9] ver una vaca por las calles de las grandes ciudades, porque eran muy frecuentes los coches tirados por caballos o los burros que llevaban en sus lomos todo tipo de mercancías. La gente también estaba familiarizada con las vaquerías, que desprendían un olor intenso e inconfundible, una mezcla de suero[10], de leche recocida y de orines y boñigas. Además de aquel tufo desagradable, los viandantes que pasaban junto a una vaquería se topaban con una nube de moscas zumbando frente a la puerta. Incluso en invierno. Porque donde hay una vaca, a causa del calor que desprende su cuerpo, surgen, como por encanto, cientos y cientos de moscas.

---

6 **nada más** + 不定詞　「〜してすぐさま」。

7 **ramal**　「端綱（はづな）」、「引き綱」。

8 **paseíto**　名詞 paseo に 縮小辞 -ito が付いたもの。

9 **extrañaba**　主語は、ver una vaca por las calles de las grandes ciudades。

10 **suero**　「乳清」。牛の乳から脂肪分やカゼインを除いたもの。チーズを製造する過程でできる。

El tiempo pasa y han pasado siete años desde que la familia Huidobro desembarcara[1] en Cádiz. Nela y Vicentito han crecido. Asisten a un colegio en París cercano a su casa. Nela tiene once años y Vicentito diez. Son alumnos aplicados que siguen gozando de la buena leche que cada día les proporciona
5 la *Jacinta*.

En estos años Vicente Huidobro ha escrito nuevos libros, ha dirigido revistas de poesía y ha publicado manifiestos. También ha mantenido polémicas encendidas con artistas e intelectuales. En medio de esa vida agitada, Huidobro recibe una carta de su madre en la que, en resumen, le pide que regrese lo
10 antes posible[2] a Santiago de Chile. La abuela María Luisa[x] confía en su hijo. Por eso lo requiere. Fue ella quien le inculcó[3] desde niño que estaba llamado a enfrentarse[4] con cometidos extraordinarios. Por suerte[5], esa carta se ha conservado entre los papeles del archivo familiar:

Una de nuestras empresas está en peligro. Por eso, queridísimo[6] hijo, te reclamo.
15 *Estoy segura de que solo tú podrás poner orden en medio del desorden, solo tú*
podrás enderezar el rumbo de esta empresa creada con tanta ilusión por tu abuelo.
De ella[7] viven más de doscientas familias que, de otro modo[8], quedarían sin su
salario, abocadas a cruzarse de brazos[9] y a enfrentarse a situaciones tan delicadas
como difíciles.

---

1 **desembacara** = desembarcó. ここでは著者の文体意識の他は、特に接続法を用いる特別な理由はない。
2 **lo antes posible** 「できるだけ早く」。
3 **Fue ella quien le inculcó ...** 強調の構文。Ella le inculcó ... と同意。
4 **estar llamado, -da a ＋ 不定詞** 「～することを定めづけられている」。
5 **por suerte** 「幸いにも」。
6 **queridísimo** 形容詞 (querido, -da) ＋ -ísimo, -ma は絶対最上級。なお絶対最上級は、いわゆる最上級「最も～」と異なり、「非常に」、「とても」といった強意を表す。
7 **ella** 前出の esta empresa を指す。前置詞 de は手段、「それを頼って」を表している。
8 **de otro modo** 「さもなければ」。この場合は、「件の会社に頼って暮らすのでなければ」の意。
9 **cruzarse de brazos** 「腕組みする」→「手をこまねく」。

Por ello te ruego que, cuando puedas[10], mejor pronto que tarde[11], regreses a casa[12], dando por un tiempo la espalda a[13] tus poemas. Luego, una vez que consigas enmendar las circunstancias actuales, quedarás libre para volver a Europa, donde sabemos que gozas cada día de más prestigio. Es un favor que te pide mamá, tu mamá que tanto te quiere. Además, estoy deseando abrazar a mis nietos. He colocado la última foto que me enviaste sobre la mesa del despacho; están guapísimos[14]. Pero quiero tenerlos delante de mí y estrecharlos fuerte.

Hasta que [15] llegue ese momento feliz me sentiré la abuela más desgraciada del mundo[16].

Durante los siete años pasados en París, la *Jacinta* ha parido siete terneros en una vaquería del Barrio Latino[xi]. Su leche sigue siendo dulce y cremosa y aún provoca los elogios de todos los que la prueban. Con diez años una vaca es vieja. A la *Jacinta* se le empiezan a marcar los gorrones[17], esos huesos salientes en los que rematan las patas traseras. Si los Huidobro tuvieran sentido práctico[18], deberían pensar en venderla antes de regresar a Chile. Pero no, los Huidobro

---

10 **cuando + 接続法** (puedas ← poder)　「（未来において）〜する時」。

11 **mejor pronto que tarde**　「遅いよりも早いほうがよい」。

12 **rogar que + 接続法** (regreses ← regresar)　「〜するように懇願する」。

13 **dar la espalda a**　「〜に背を向ける」。por un tiempo は「一時」。

14 **guapísimos**　絶対最上級 (guapo, -pa + -ísimo)。

15 **hasta que ...**　直説法と接続法のいずれも取り得るが、ここでは未完の出来事であるため接続法 (llegue ← llrgar)。

16 **sentirse**　「（自らを）〜と感じる」。

17 **gorrones** (単数形は gorrón)　「脚の付け根の骨」。一般的な語句でないため、原文でも esos huesos salientes ...と、直後に説明している。

18 **si los Huidobro tuvieran sentido práctico**　si + 接続法過去 (tuviera ← tener) は「仮に〜であれば」（事実と異なる仮定）。帰結節は直説法過去未来 (deberían) になる。姓に男性複数の定冠詞が付く los Huidobro は「ウイドブロ家の人々」を表す。

son unos románticos empedernidos[19]. La *Jacinta* es para ellos como un miembro de la familia. Le guardan mucha gratitud. De modo que[20] ni siquiera se les ha pasado por la imaginación la posibilidad de venderla[21]. Este viaje de retorno es una buena oportunidad para que la *Jacinta* se reencuentre, antes de morir, con la tierra que la vio nacer[22].

---

19 **empedernido, -da**　「度し難い」。

20 **de modo que** + 直説法　「従って～」。

21 **pasarse por ...**　「～をよぎる」。主語は、la posibilidad de venderla。間接目的格の les はウイドブロ
　　家の人々を指す。

22 **la vio nacer**　ver + 直接目的語 + 不定詞「～するのを見る」。ver の主語は先行詞の la tierra で、
　　la は la *Jacinta* を受けている。

Los Huidobro han conocido en París a Arturo Vila^{xii}, un mallorquín culto, adinerado y amante del arte que pasa una larga temporada todos los años codeándose con los artistas[1]. Vila admira al poeta chileno. Cuando se entera de que los Huidobro embarcarán en Barcelona para regresar a Chile, los invita a pasar una semana en la casa de campo que tiene en Mallorca^{xiii}.   5

—Una semana no, pero sí cinco días, hasta la salida del *Tierra del Fuego*— acepta Huidobro encantado[2], tras hacer sus previsiones.

Desde París van a Barcelona, donde se quedan Arsenia, Faustino y la *Jacinta* haciendo frente a los preparativos del embarque que impone la vaca. Segunda se casó hace dos años con un francés y dejó de trabajar[3] en la casa.   10

La familia, acompañada por Arturo Vila, prosigue su viaje en barco hasta Palma de Mallorca. Vila tiene una casa de campo en Selva^{xiv}, un precioso pueblo del interior de la isla cercano a Inca^{xv}. Se trata de una construcción con trazas[4] de palacio, con muros de piedra y una gran puerta rematada en forma de[5] arco. Está situada en una finca en leve pendiente cercana al pueblo 15 en la que crecen limoneros, almendros, higueras, olivos y cipreses. Desde el porche trasero se ve el caserío ascendente de Selva trepando, entre huertas y árboles, por la ladera que corona la torre de la iglesia.

A la mañana siguiente, mientras desayunan bajo el porche, Vila pregunta a los Huidobro qué tal han pasado la noche[6].   20

Nela y Vicentito responden casi al unísono[7] que bien, que han dormido

---

1 **codeándose con los artistas** codeándose は再帰動詞 codearse「(con ...)と親しく付き合う」の現在
   分詞。
2 **encantado** 形容詞だが、主語の様子を説明する補語として副詞のように働いている。
3 **dejar de + 不定詞** 「～するのをやめる」。
4 **trazas** ここでは「外見、容貌」の意。
5 **en forma de** 「～のかたちをして」。
6 **Vila pregunta a los Huidobro qué tal han pasado la noche** 間接疑問文。preguntar cómo han
   pasado la noche と同意。
7 **al unísono** 「声をそろえて」。

como dos lirones[8].

—Es lógico, después de tanto viaje estaríais[9] muy cansados.

—Yo también he dormido divinamente[10] —asegura doña Manuela.

—Yo, sin embargo[11] —interviene Huidobro—, no he podido pegar ojo
5 desde la madrugada.

—¿Y eso?[12] —le pregunta Vila.

—Por un pájaro que se me ha metido en la cabeza.

Todos lo miran extrañados[13]. Nela no puede contener un gesto de asombro.

—Papá, ¿se te ha metido un pájaro
en la cabeza?

—Su canto. Es un pájaro que
canta maravillosamente. Una delicia.
Ha sido el mejor concierto que he
escuchado nunca. Me he despertado
de madrugada y, desde entonces, no he
podido dormir. Como si Mozart le
llevara la batuta[14]. Un verdadero regalo.
No sé qué pájaro será. Creo que nunca lo
había escuchado.

Vila, que es un hombre sensible a todo
lo que bulle a su alrededor[15], conoce el
canto de diversas aves, como la abubilla, el
cuco, el mirlo o la alondra[16]. Algunos son

---

8   **dormir como un lirón**　「ぐっすりと眠る」←「ヤマネ（ネズミに似た小獣）のように眠る」。成
　　句としては、通常一匹であるものが、子供たちの数に合わせて二匹になっている。

9   **estaríais**　時制は直説法過去未来。過去についての推量。

10   **divinamente**　-mente の副詞。形容詞 divino, -na には「神の」の他に「すばらしい」の意がある。
　　11 **sin embargo**　「しかしながら」。

12   **¿Y eso?**　「それはどうしたわけですか」。

13   **extrañados**　主語に対する補語。「怪訝そうに」。

14   **Como si Mozart le llevara la batuta**　como si + 接続法過去「あたかも〜のように」。llevar la batuta
　　は「指揮棒を振るう」。

15   **todo lo que bulle a su alrededor**　todo lo que は「〜するものすべて」。

16   **la abubilla, el cuco, el mirlo o la alondra**　それぞれ鳥の名前。「ヤツガシラ」、「カッコウ」、「クロ
　　ウタドリ」、「ヒバリ」。

madrugadores. Y comienza a silbar tratando de imitarlos. Huidobro niega con la cabeza. El anfitrión[17], entonces, pide silencio. Los Huidobro dejan de dar vueltas a las cucharillas[18] en las tazas. En el jardín se oye un jolgorio de trinos mezclados, pero, de pronto[19], se acallan y, en medio de la calma, se escuchan con toda nitidez[20] unos gorgoritos puros, cristalinos.

—¡Ese, ese es! —grita Huidobro entusiasmado.

—¡Amigo Vicente!, ese pájaro es el ruiseñor —declara Vila.

—Es un canto precioso.

—Por supuesto, el trino más bello de todas las aves.

—No lo conocía.

—No habrás reparado en él. En Madrid y en París también hay ruiseñores. No tantos como aquí, pero alguno hay. Lo que pasa es que[21], en medio de la algarabía, su trino se confunde con otros. Donde no se pueden encontrar ruiseñores es en América[22].

—¿Y eso?

—El ruiseñor es un pájaro pequeño, algo menor[23] que el gorrión, y tímido; un pájaro que pasa los inviernos en África y sube a Asia y a Europa para anunciar la primavera. Como te digo, en América no existen.

—Y tú, Vila, ¿cómo sabes tanto de pájaros[24]?

—Me gusta la poesía, me gusta el arte, me gusta la naturaleza. Soy un privilegiado con mucho tiempo libre, y lo dedico a observar todo a mi alrededor. Además, desde niño tuve un maestro a mi lado: mi abuelo. Al ruiseñor lo llamaba «pico de oro»[25]. Cuando llegaban a Mallorca, en los primeros días de marzo, el abuelo me decía: «Ya tenemos la primavera encima».

---

17 **el anfitrión** 「(客を迎える) 主人」。Vila を指す。

18 **cucharillas** 「小さじ」。cuchara「スプーン」+ -illa (縮小辞)。dar vueltas a ... は「…をかき回す」。

19 **de pronto** 「不意に」。

20 **con toda nitidez** = muy nítidamente。toda (形容詞 todo, -da) は強調。

21 **lo que pasa es que + 直説法** 「実をいうと～である」。pasar は「生じる」の意。

22 **Donde ... ruiseñores** 「～する場所」を表し、ser の主語となっている。

23 **algo menor** この algo は代名詞「何か」ではなく、形容詞 menor にかかる副詞で「いくらか」。

24 **saber de ...** 「～について知っている」。

25 **Al ruiseñor lo llamaba «pico de oro»** llamar a + 直接目的語 ～「(直接目的語) を～と呼ぶ」。直接目的語 al ruiseñor が動詞よりも前にあるため、直接目的格人称代名詞 lo でそれを繰り返している。

«Todavía no», le decía yo. «Sí —insistía él—, ya nos ha llegado; hoy he escuchado al ruiseñor desde la cama. El ruiseñor, al cantar, nos toca el corazón[26] porque es un pájaro enamorado».

Nela y Vicentito escuchan embelesados el diálogo[27] que Arturo Vila había mantenido de niño[28] con su abuelo. Aprovechando la atención que le prestan[29], Vila les explica que el ruiseñor, los primeros días, canta por la noche y anida en las zonas más umbrías del bosque, por lo que[30] resulta muy difícil de ver. Suele tener cuatro o cinco crías cada temporada, a principios de mayo. Y a finales de agosto o cuando comienza septiembre retorna a los bosques del África tropical, donde pasa el invierno. Y ama tanto la libertad que no resiste el cautiverio[31]. Nadie ha sido capaz de criar ruiseñores dentro de una jaula.

Sobre la marcha, dejándose llevar por[32] el primer impulso, Huidobro le hace una confesión a Vila:

—Hablas de un pájaro extraordinario y he tenido una corazonada[33]: me gustaría[34] poblar América de ruiseñores.

---

26 **El ruiseñor nos toca el corazón.** nos は間接目的格人称代名詞。直接目的語の el corazón の所有者を表す。

27 **embelesados** 主語の様態を表す形容詞。escuchar の直接目的語は el diálogo。

28 **de niño** 「子供の頃に」。

29 **prestar atención a ...** 「～に注意を払う」。prestar の直接目的語の atención を先行詞とする関係文になっている。

30 **por lo que** 文の前半を受けて「そのせいで」。動詞 resultar は「(～という結果に) なる」。

31 **cautiverio** 「囚われの身にあること」。

32 **dejarse llevar por ...** 「～に身を任せて」。文頭の sobre la marcha は「成り行きで」。

33 **una corazonada** 「衝動」。難行に取り組もうと「心」corazón を動かされること。

34 **me gustaría** 直説法過去未来を用いた婉曲話法。me gusta に等しい。主語の不定詞 poblar de ... は「(直接目的語) に～を繁殖させる」。

Nela y Vicentito abren mucho los ojos y se quedan mirando fijamente a su padre. Su madre, por el contrario[35], sentencia:

—Otra de tus locuras.

—Sí, de acuerdo[36], pero una locura maravillosa. ¿Imaginas que[37] en todos los bosques y parques de América cantara el ruiseñor? Nuestra tierra sería distinta si, en mitad de la noche, la gente que vive con preocupaciones escuchara[38]ese trino estimulante anunciando el día.

—Una locura —insiste doña Manuela.

—Vila, ¿tú lo crees posible?[39] —le pregunta Huidobro a su amigo.

—Depende[40], pero supongo que sí. Aunque debería hablar con Pau[xvi], el encargado de la finca. Crecimos juntos[41]y es una persona que sabe mucho de pájaros.

—¿Cuándo has dicho que ponen los huevos?

—En mayo.

—El barco zarpa el 1 de abril. Nos quedan cuatro días para llenar el *Tierra del Fuego* de ruiseñores.

—Una locura —refunfuña[42] doña Manuela.

—Papá, quiero que hagas[43] esa locura —lo anima Vicentito.

—Yo también quiero que América se llene de ruiseñores —se suma Nela.

—Por supuesto que sí, hijos. La poesía también es una pequeña locura; sin ella[44] el mundo sería un aburrimiento —concluye, decidido, Vicente Huidobro.

35　**por el contrario**　「反対に」。

36　**de acuerdo**　「承知している」。

37　**imaginar que ...**　直説法をとる場合もあるが、ここでは成就されていない未来の出来事に言及しているため、従属動詞の cantar が接続法過去に活用している。

38　**si (...) la gente (...) escuchara**　「si + 接続法過去」は非現実的仮定を表しており、その帰結節は過去未来(sería)となる。

39　**¿tú lo crees posible?**　中性の直接目的格代名詞 lo は Huidobro の夢想の内容を表す。それを posible であると思うかと尋ねている。

40　**Depende**　「場合による」。depender (de ...) は「〜に依存する」。

41　**Crecimos juntos**　juntos は形容詞だが、主語に対する補語として副詞的に働いている。

42　**refunfuñar**　「不平を言う」。

43　**querer que + 接続法** (hagas ← hacer)　「(querer の主語と異なるものが) 〜することを望む」。

44　**ella**　前置詞とともに用いられて事物を指すことがある。ここでは la poesía を表す。

ⓘ⑨ **8** *Pau Pina*

Pau Pina es el encargado de la finca de Arturo Vila. En Mallorca a esos hombres se les llama masoveros[1]. Pau conoce muchos de los secretos del campo. Vila vocea su nombre desde el porche y, poco después, Pau se presenta allí. Es un hombre de movimientos calmos y mirada serena, como su
5 entorno[2].

—Buenos días —dice a modo de[3] saludo al llegar al lugar donde desayuna la familia Huidobro.

Tras las presentaciones, Vila le consulta si será posible cazar ruiseñores.
El hombre, inicialmente, compone un gesto de extrañeza.
10 —¿Cazar ruiseñores?

Pau acostumbra a[4] cazar perdices, conejos y liebres en las cercanas estribaciones de la sierra de Tramontana[xvii], pero nunca, ruiseñores.
—¿Para qué?
—Para poblar América.
15 Pau Pina abre los ojos porque no sale de su asombro.
—¿Ruiseñores vivos?
—Claro, claro, ruiseñores vivos.
—Aaahhh.
—¿Será posible? —porfía Vila.
20 —¿Cuántos?

---

1 **masovero, -ra** カタルーニャ地方やアラゴン地方に見られる農園 masía で働く小作農。
2 **como su entorno** 「(彼が暮らす) 周囲の環境のように」。
3 **a modo de ...** 「～として」。
4 **acostumbrar a** + 不定詞 「～するのに慣れる」、「～する習慣である」。

20

Vila no sabe qué responder[5]. Pero Huidobro, que todo lo hace a lo grande[6], contesta por él[7].

—Cientos.

—¿Cientos? ¿En cuánto tiempo?

—Dentro de cuatro días embarcamos en Barcelona.

—Cientos son muchos. Pero lo intentaremos. En ese caso, no hay ni un minuto que perder[8].

Pau Pina se retira. Va dándole vueltas en su cabeza al encargo que acaba de recibir[9]. «Qué caprichosos y extraños son los señoritos[10]», piensa. «A ellos no se les pone nada por delante.[11] ¡Hala! —dicen de un día para otro[12] —, ¡deja todo lo que estés haciendo y ponte[13] a cazar ruiseñores, cientos de ruiseñores vivos! Algún día Arturito Vila me va a pedir que[14] le baje la luna con una cuerda. Como si las cosas fueran tan fáciles. En fin, los señoritos son como niños».

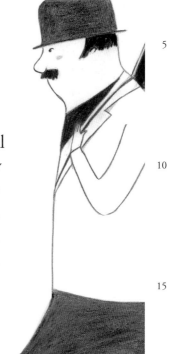

5

10

15

---

5 **qué responder** 疑問詞 + 不定詞は qué + 不定詞「何を〜すべきか」。cómo + 不定詞「どのように〜すべきか」、dónde + 不定詞「どこで〜すべきか」など。

6 **a lo grande** 「盛大に」。

7 **por él** por は代替の意。「〜の代わりに」。

8 **un minuto que perder** 関係詞 (que, como, donde など) + 不定詞は「〜すべき」を表す。

9 **dar*le* vueltas a ...** 「(〜について) 考えを巡らせる」。ir +現在進行形は、動作が緩やかに進行する様を表す。

10 **Qué caprichosos y extraños son los señoritos** qué + 形容詞 (副詞、名詞) で感嘆文が作られる。

11 **A ellos no se les pone nada por delante.** 「(行く手を阻むようなものは) 彼らの前に何も置かれない」→ Hacen cualquier cosa.「彼らは何でもやってしまう」という意。

12 **un día para otro** 「いつの日か」。同義の表現に un día u otro も。

13 **deja / ponte** (pon + te) いずれも tú に対する命令。todo lo que estés haciendo では、どのようなことが行われているのか具体的に不明なので estar は接続法をとっている。

14 **pedir que + 接続法** (baje ← bajar) bajar は la luna を直接目的語とする他動詞で「下ろす」の意。

Pero, al tiempo que va rezongando por lo bajo[15], ya está pensando en comprar liga[16] en una tienda de Inca especializada en artículos de caza, reclamos[17] y jaulas y en acudir a otros masoveros amigos suyos[18] para que le

ayuden[19] porque, de otro modo[20], no podrá cazar en tan poco tiempo tantos ruiseñores como ese loco poeta chileno, amigo de su jefe, pretende llevarse a América[21].

15　**por lo bajo**　「小声で」。al tiempo que + 直説法は「～するのと同時に」。
16　**liga**　「鳥もち」。
17　**reclamo**　「(おびき寄せ用の) 鳥笛」。
18　**otros masoveros amigos suyos**　amigos は masoveros にかかる形容詞。
19　**para que** + 接続法 (ayuden ← ayudar)　「(主動詞と異なる主語が) ～するように」。
20　**de otro modo**　「他の方法では」→「さもなければ」。
21　**en tan poco tiempo**　「それほどまでにわずかな時間で」。tan + 形容詞は「それほどまでに～」、続く tanto, -ta + 名詞 como ... は同等比較で「…するほど多くの～」となる。

22

9 *Tráfico de ruiseñores*

Cuatro días después, al atardecer, la familia Huidobro embarca en el *Jaime I*[xviii], atracado en el puerto de Palma de Mallorca, que hace la ruta Barcelona-Palma, Palma-Barcelona[1]. Hasta allí los acompaña su anfitrión[2]. En el muelle los espera Pau Pina con un carro, tirado por dos caballos, que lleva el equipaje: un cargamento de maletas. Y es que, además de su ropa y la de sus hijos, tanto al poeta como a su mujer les gusta tocarse la cabeza con sombreros[3]. Vicente Huidobro siempre lleva dos, que intercambia en función de[4] su estado de ánimo, pero doña Manuela no sale de viaje sin su colección de siete sombreros, uno[5] para cada ocasión, metidos en sus estuches de cartón piedra para que no se le deformen[6].

Cuando la familia llega al puerto de Palma, las maletas, incluidas las siete sombrereras[7] de doña Manuela, apenas ocupan una parte mínima del carro[8], porque son[9] las trescientas jaulas pequeñas, cada una[10] con su ruiseñor,

---

1   **hace la ruta Barcelona-Palma, Palma-Barcelona**　「バルセロナ・パルマ、パルマ・バルセロナ間に就航している」。hacer は「（乗り物がある距離を）進む」の意。

2   **anfitrión**　「（客を迎える）主人」。

3   **tanto al poeta como a su mujer les gusta tocarse la cabeza con sombreros**　動詞 gustar を用いた文では「好む」という行為の主体を間接目的格代名詞（この場合は les）で表すが、具体的に言及する際には加えて、a＋（代）名詞を用いる。ここではそれがさらに、tanto A como B（「A (a poeta) も B (a su mujer) も」）のかたちをとっている。tocarse la cabeza con ... は「頭に～をかぶる」。

4   **en función de ...**　「～に応じて」。

5   **uno**　un sombrero を表す。

6   **para que＋接続法 (se deforme)**　le は a doña Manuela の意で、deformarse の結果が彼女に影響を及ぼすことを意味する。

7   **sombrereras**　「帽子箱」。

8   **apenas ocupan una parte mínima del carro**　「荷車のごくわずかな場所を占めているに過ぎない」。副詞 apenas は「ほとんど～ない」、もしくは「かろうじて～する」を表す。

9   **son**　ser の主語は las trescientas jaulas pequeñas で、24 ページ 1 行目の過去分詞と組み合わさり son ordenadas と受け身の文になっている。

10   **cada una**　cada jaula の意。

perfectamente ordenadas, unas al lado de otras formando seis alturas[11], lo que resulta más visible[12].

Vicente Huidobro, al ver tanto pájaro, abraza entusiasmado[13] a Pau Pina; luego saca la cartera del bolsillo interior de su chaqueta, le entrega unos billetes y le agradece que haya cumplido con creces su encomienda[14]. Pero el masovero le advierte muy serio:

—Hay un problema, señor Huidobro.

—¿Un problema? ¿De qué tipo?

—De comida.

—¿No has comprado alpiste?

—Los ruiseñores no comen alpiste, señor Huidobro.

—Entonces, ¿qué comen? —pregunta alarmado el poeta.

—Insectos.

—¿Insectos?

—Así es —confirma bajando levemente la cabeza.

—¿Solo?

—Solo. En la cazoleta[15] de las jaulas les he puesto un puñado de alpiste. En caso de extrema necesidad quizá lo prueben, pero el alimento natural de estos pájaros son los insectos.

—¿Qué tipo de insectos?

—Insectos normales, si es que[16] se puede decir algo así de esos bichos tan feos; o sea[17]: moscas y mosquitos.

11　**unas al lado de otras formando seis alturas**　「鳥かご同士隣り合わせながら、六つの山 (alturas) を作って」。al lado de ... は「〜の傍に」。unas も otras も jaulas を指す。

12　**lo que resulta más visible**　中性の定冠詞を伴う関係代名詞 lo que は前ページの porque 以下の文の内容を指し、resultar の主語となっている。

13　**entuasimasado**　形容詞だが副詞的に働いて、abrazar の主語 Vicente Huidobro の状態を表す。

14　**le agradece que haya cumplido con creces su encomienda**　感情を表す主動詞の agradecer が、従属節に接続法（現在完了）を用いるように仕向けている。con creces は「十二分に」。

15　**cazoleta**　「（エサ入れの）小皿」。cazuela「カスエラ（底の平らな土鍋）」＋縮小辞 -eta (-ete の女性形)。

16　**es que**　「（実は）〜ということ」。si 以下の文は、これを省いて si se puede decir algo así de esos tan feos としても、ほぼ同義。

17　**o sea**　「すなわち」。sea は ser の接続法現在。

24

—¿Y dónde voy a encontrar yo moscas y mosquitos para alimentar a trescientos ruiseñores?

—No lo sé, señor Huidobro, no puedo saberlo. Lo que sí sé[18] es que son muy hambrones. Necesitan una buena ración para saciar su hambre. Quizá, en caso de apuro, puedan comer carne picada. Yo he resuelto lo que estaba al alcance de mi mano, pero ya no puedo hacer más. Ahora los ruiseñores son suyos.

A la mañana siguiente, cuando el *Jaime I* atraca en el puerto de Barcelona, en el muelle esperan Arsenia y Faustino. La *Jacinta* ya está embarcada en el *Tierra del Fuego* dentro de la caseta de madera que el vaquero le[19] ha preparado con postes, tablas y tablones.

—¿Está todo en orden? —pregunta Huidobro.

—Todo en orden, señor.

—Tenemos novedades, Faustino.

—Usted dirá[20].

—Además de la *Jacinta*, viajarán con nosotros trescientos ruiseñores.

—¿Trescientos ruiseñores? —pregunta angustiado[21] el hombre.

—Eso he dicho: trescientos ruiseñores que solo comen moscas y mosquitos.

—¿Lo sabe el capitán Guajardo?

—Lo sabrá en unos minutos.

—¿Y qué vamos a hacer con tanto pájaro en el barco?

—No he podido dormir en toda la noche pensando en cómo los vamos a alimentar. Con una vaca es fácil, lo difícil resulta[22] dar de comer a trescientos ruiseñores. ¿Por qué serán tan raros los pájaros? Tenemos que tratar de que[23]

---

18 **Lo que sí sé**　lo que sé と同義。sí は強調。名詞句として続く ser の主語になっている。

19 **le**　la *Jacinta* を指す。

20 **Usted dirá.**　ここでの直説法未来は、usted に対する命令の役割を果たす。

21 **angustiado**　形容詞が主語 el hombre（Faustino）の状態を示す補語として働いている。

22 **resulta**　resultar は「〜と分かる」。主語 lo difícil は、形容詞に中性の定冠詞が付いて名詞化したもの。

23 **tratar de que** + 接続法 (se mueran ← morirse)　「〜であるように試みる」。

no se mueran durante la travesía. Y soltarlos nada más[24] llegar a Chile. No soportan el cautiverio.

—¿No pretenderá el señor que[25] todos los pasajeros del barco se pasen la travesía matando moscas y mosquitos para los ruiseñores?

5 —Que lleguen vivos a Chile[26], Faustino, eso es lo único que pretendo.

—Y, si me lo permite, ¿para qué quiere el señor llevar tantos ruiseñores vivos a Chile?

—Estos pájaros son los mejores concertistas del mundo[27] y me gustaría que, en el futuro, despertaran a los chilenos cada mañana[28]. Un buen despertar da 10 ánimos para ser optimista el resto del día.

---

24 **nada más** + 不定詞　「〜するやいなや」。

25 **pretender que** + 接続法 (se pasen ← pasarse)　「〜させようとする」。

26 **Que lleguen vivos a Chile**　接続詞 que は「〜ということ」という名詞句を導くが、ここではその内容がまだ成就されていないので動詞 llegar（主語は los ruiseñores）は接続法をとっている。vivos は主語の状態を表す補語。

27 定冠詞 + 比較級 (mejores: mejor の複数形) + **de ...**　最上級。「〜のうちでもっとも…」。

28 **gustar que** + 接続法 (despertaran ← despertar)　「〜であることを望む」。gustar は過去未来に活用し婉曲話法で用いられる。

10 *El Capitán Guajardo se enfurece*

Acompañado de sus dos hijos, Vicente Huidobro busca por la sala de máquinas al capitán Guajardo. El *Tierra del Fuego* soporta en ese momento un trasiego continuo de pasajeros que suben y bajan por las escalerillas; también de mercancías, esos grandes fardos que los estibadores[1] meten con carretillas en la bodega[2]. Por fin, lo encuentra en la cubierta.   5

—¡Capitán, capitán!

—¡Señor Huidobro!

Tras saludarse cordialmente, el capitán repara en Nela y en Vicentito, que están a su lado.

—¡Caramba[3], cómo han crecido estos niños!   10

—Mucho[4], ya lo ve usted. Gracias a[5] la *Jacinta*, que viajó con nosotros. Es una vaca prodigiosa.

—Todas las vacas lo son[6].

—Pero la *Jacinta* más[7]. Su leche no se puede comparar con otras. Y yo vengo a agradecerle que[8] usted la acogiera hace siete años y que lo haga de nuevo en 15 este viaje de regreso. Faustino me ha hablado de su buena disposición[9].

—Es una extravagancia, pero tratándose de usted[10]... Con los poetas hay

---

1   **los estibadores**　「沖仲仕（船と陸のあいだで荷揚げや荷下ろしを行う港湾労働者）」。

2   **bodega**　一般に「酒屋」、「ワイン貯蔵庫(セラー)」の意があるが、ここでは「船倉」。

3   **¡Caramba!**　「おやまあ」。驚きを表す感嘆詞。

4   **Mucho**　han crecido mucho の意。

5   **gracias a ...**　「～のおかげで」。

6   **lo son**　lo は中性の直接目的格代名詞。la *Jacinta* を una vaca prodigiosa と呼んだことを受けている。

7   **la *Jacinta* más**　la *Jacinta* es más prodigiosa の意。

8   **agradecer a ＋ 人** (le = a usted) **que ＋ 接続法** (acogiera/haga)　「（人）に～であることを感謝する」。haga は hacer の接続法現在。acogiera は acoger の接続法過去。hace ＋ 時間表現は「～前に」。de nuevo は「再び」。

9   **su buena dispocsición**　「あなたの親切な計らい」。disposición は「裁量」の意。

10 **tratándose de usted**　「あなたのためでしたら」。tratarse de ... は「～に関係する」。

27

que hacer excepciones. Por eso autoricé en su día que[11] subiera al barco y por eso lo permito ahora.

—Hablando de excepciones, capitán... —continúa Huidobro.

El capitán se pone en guardia[12].

—¿No me diga que quiere llevarse un rinoceronte[13] a Chile?

—No, no es un rinoceronte lo que quiero transportar a nuestra tierra[14]. Es algo más ligero: se trata de unos cuantos ruiseñores.

—¿Unos cuantos ruiseñores? —pregunta con recelo Ernesto Guajardo.

—Sí, unos cuantos.

—¿Cuántos exactamente?

—Trescientos.

—¡Trescientos ruiseñores! ¡Señor Huidobro, eso es una locura!

—Hay locuras, capitán, que salvan al mundo de la vulgaridad y de la rutina. Supongo que usted no se ha detenido a[15] escuchar nunca el canto de un ruiseñor. Por eso habla con tanta ligereza. El ruiseñor tiene un canto que enamora. Dicho de otra manera[16], si el amor posee una melodía, esa melodía es la suya.

—...

—Y ahora le pregunto: ¿se imagina todos los pueblos y ciudades de Chile, ¡qué digo de Chile, de América entera, la del Norte y la del Sur![17], despertando con los trinos de los ruiseñores? ¿Se lo imagina? Pues eso es lo que pretendo, con su permiso. La gente enamorada es optimista y generosa. Los ruiseñores

---

11 **autorizar (a) que** + 接続法 (subiera ← subir) 「〜するのを許可する」。en su día は「しかるべき時に」。

12 **ponerse en guardia** 「身構える」。

13 **rinoceronte** 「サイ」。

14 **lo que ...** 名詞句を作る。「…するもの」。ここでは ser (no es) の主語になっている。

15 **detenerse a** + 不定詞 「立ち止まって〜する」。

16 **dicho de otra manera** 「別の言い方をすれば」。de manera + 形容詞 (ここでは otra で名詞に前置) で副詞句を作る。

17 **¡qué digo de Chile, de América entera, la del Norte y la del Sur!** 「チリだけでなく、北アメリカと南アメリカの全アメリカ大陸の（すべての民族と市民）」。la del Norte と la del Sur はいずれも América を省略したもの。qué decir de ... 「〜は言うまでもなく」←「〜についてなんと言うべきか」。

pueden dar un giro al devenir de América[18]. Y, en un futuro, cuando se escriba la historia de nuestros países, de los cambios profundos que ha experimentado, espero que[19] aparezca el *Tierra del Fuego* y el capitán Ernesto Guajardo, que permitió el traslado de los primeros trescientos ruiseñores europeos a nuestro continente. 5

»¿Sabía que cada hembra pone entre cuatro y cinco huevos? ¡Dentro de unos años, si todo va bien[20], en las madrugadas, toda América será un jolgorio de trinos enamorados y felices!

Nela y Vicentito, que han visto cómo el capitán Guajardo se ponía tenso, también han contemplado cómo le ha ido cambiando el gesto[21] ante los 10 argumentos desplegados por su padre y cómo, al fin, rendido, no le ha quedado más remedio que[22] aceptar.

—Está bien, está bien. Es una locura, pero que embarquen esos trescientos ruiseñores[23]. No quiero ser el responsable de que el continente americano se quede[24] sin conocer esos trinos. De seguir[25] así, este barco se va a convertir en 15 el arca de Noé[26].

---

18 **pueden dar un giro al devenir de América**　「アメリカ大陸の行く末を変えるかもしれない」。un giro は「転回」、devenir は「継続する変化の過程」、すなわち「生成」を表す。

19 **esperar que** + 接続法 (aparezca ← aparecer)　「～であることを期待する」。接続法現在の 3 人称単数に活用している動詞 aparecer の主語は el *Tierra del Fuego* と el capitán Ernesto Guajardo の両方だが、一体のものとして了解されている。

20 **si todo va bien**　「万事が順調であれば」。ir は状態を表す動詞として用いられている。

21 **han contemplado cómo le ha ido cambiando el gesto**　間接疑問文（前行の han visto cómo ... 、次行のやはり han contemplado につながる cómo, al fin ...も同様）。ir を用いた進行形をとる cambiar の主語は el gesto。間接目的格人称代名詞 le (al capitán Guajardo) は所有の関係を表す。

22 **no quedar más remedio que ...**　「～するしかない」← 「～のほか手段が残らない」。

23 **que** + 接続法現在 (embarquen ← embarcar)　間接的な命令。

24 **se quede**　実現されていない出来事なので、quedarse は接続法現在に活用している。

25 **de** + 不定詞　「～するならば」。

26 **el arca de Noé**　「ノアの箱舟」。

11 *Zarpando*

El *Tierra del Fuego* zarpa del puerto de Barcelona un 1 de abril. En los días previos a su salida, Faustino había montado la caseta de madera de la *Jacinta*. Ahora, sobre la marcha[1], tiene que buscar acomodo para los trescientos ruiseñores. En el exterior de la caseta de madera, colgadas de trescientas puntas[2], van colocando las trescientas jaulas. Cada jaula con su ruiseñor. O con su ruiseñora. Nela y Vicentito ayudan a Faustino en esas tareas porque han comprendido la importancia de esos pájaros. Los pasajeros que van y vienen por la cubierta observan con curiosidad la caseta de la *Jacinta* y las jaulas adosadas a sus paredes de tablas.

⁵

—Parecen pájaros mudos —dice uno de los pasajeros.

—Son ruiseñores, y no cantan por timidez y porque se sienten presos —le informa Nela.

—Pero cuando lleguemos a Chile y los soltemos[3] van a armar un jolgorio de mucho cuidado —recalca Vicentito.

¹⁵

—Mi papá —añade la niña— piensa que los pájaros son como las personas: cuanto más libres[4], más alegres.

El *Tierra del Fuego* se aleja lentamente del puerto mientras la silueta de Barcelona se va difuminando en la penumbra de la noche. En medio del perfil de la ciudad solo sobresale una torre de la Sagrada Familia[xix], la nueva iglesia que está levantando el arquitecto Antoni Gaudí[xx].

²⁰

El *Tierra del Fuego* navega por la noche bordeando la costa mediterránea. Al día siguiente[5] llega a Cádiz, donde hace escala[6] antes de partir hacia el continente americano.

----

1 **sobre la marcha**　「急場しのぎに」。

2 **puntas**　「釘」。

3 **cuando lleguemos a Chile y los soltemos**　動詞 llegar と soltar の活用はいずれも接続法現在。cuando ＋ 接続法は、いまだ実現されていない出来事を表す。

4 **cuanto más ＋ 比較級**　「～であればあるほど」。

5 **al día siguiente**　「あくる日」。seguir「続く」の派生語 siguiente は「次の」を表す。

6 **hacer escala**　「寄港する」。

30

Vicente Huidobro ha pasado toda la noche en vela[7]. Un verso, un solo verso, lo ha tenido en tensión[8]. Hay versos capaces de desencadenar una tormenta.

El mar era un árbol frondoso lleno de pájaros.

Ese verso lo ha hecho entrar[9] en uno de sus trances creativos. Son temporadas de intensa creatividad en las que[10] se desentiende del mundo, se encierra en sí mismo y pierde la noción del tiempo. En esos períodos entra en un estado de semiinconsciencia[11] y enajenación. Cualquier consulta[12] le irrita. Por esa razón le ha pedido al capitán Guajardo que le proporcione un camarote para él solo. Su mujer y sus hijos saben cómo se le puede llegar a agriar el carácter si le interrumpen. Pese a[13] todo, su mujer le advierte que no debería enclaustrarse, que se tendría que ocupar de[14] los ruiseñores, de su comida, de sus cuidados.

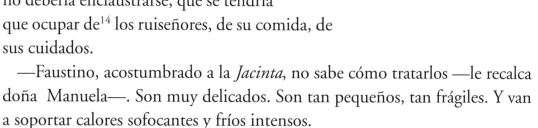

—Faustino, acostumbrado a la *Jacinta,* no sabe cómo tratarlos —le recalca doña Manuela—. Son muy delicados. Son tan pequeños, tan frágiles. Y van a soportar calores sofocantes y fríos intensos.

---

7 **pasar la noche en vela** 「徹夜する」。単数名詞に付く形容詞 todo,-da は「その全体」を表す。

8 **tener a + 人 en tensión** 「(人)に緊張を強いる」。

9 **hacer a + 人 + 不定詞** 使役の表現。「(人に) 〜させる」。

10 **en las que** 女性複数の定冠詞が示すように、先行詞は temporadas。

11 **semiinconsciencia** 「半無意識」。semi- は「半ば」を意味する接頭辞。con(s)ciencia は「意識」。

12 **Cualquier consulta** 形容詞 cualquiera は、性を問わず単数名詞の前で cualquier となる。

13 **pese a ...** 「〜にもかかわらず」。

14 **ocuparse de ...** 「〜の世話をする」、「〜に従事する」。

—Lo sé, lo sé, pero ahora no puedo ocuparme de ellos. La poesía me reclama. Tengo un nudo en la cabeza, un nudo de palabras y debo desenredarlo. Manuela, dejo en tus manos[15] el cuidado de los ruiseñores.

—¡Vicente! —le reprocha su mujer—, eso es un disparate, sabes que los animales me producen alergia. ¿Cómo me propones algo así? La idea de llevarlos a Chile fue tuya.

—Sí, es cierto. Pero estoy pensando: ¿no tenemos en casa dos hijos mayores y responsables...?

Y Vicente Huidobro se queda mirando fijamente a Nela y a Vicentito, que han asistido callados al conato de discusión entre sus padres[16].

—Me gustaría que[17] vosotros os encargaseis de alimentar a esos ruiseñores y de que no les falte de nada. Durante unos días, todavía no sé cuántos, me quedaré en el camarote. Le he dicho al capitán que[18] me lleven allí la comida. Necesito silencio a mi alrededor. Que nadie me distraiga[19].

Y cuando salga de mi encierro, quiero que[20] me contéis cómo ha ido todo. Por ello os pido que[21] anotéis cada incidencia, por pequeña que sea[22]; que cada jornada uno de vosotros escriba en un cuaderno todo lo que ha ido ocurriendo: un diario de navegación o, como lo llaman los marineros, un

---

15 **dejar en las manos de ＋ 人**　「〜を（人の）手に委ねる」。所有形容詞 tu が de ＋ 人に代わっている。

16 **al conato de discusión entre sus padres**　「両親のあいだに持ち上がりかけたいさかい」。asistir a ... は、「〜に居合わせる」。conato は「生じかけて途中で終わってしまったこと」を意味する。

17 **gustar que ＋ 接続法** (os encargaseis ← encargarse)　「〜して欲しい」。一方、再帰動詞 encargarse de ＋ 不定詞 / que ＋ 接続法 (falte ← faltar) は、「〜するのを引き受ける」。ここでは gustar が直説法過去未来を用いた婉曲表現で用いられているため、接続法過去をとっている。

18 **decir que ＋ 接続法** (lleven ← llevar)　「〜するように伝える」。decir は直説法現在完了に活用している。

19 **que ＋ 接続法** (distraiga ← distraer)　「〜しないように」。distraer の活用は traer を参照のこと。

20 **querer que ＋ 接続法** (contéis ← contar)　「〜して欲しい」。contar cómo ... は間接疑問文で「いかに〜したかを語る」。文頭の cuando ＋ 接続法は未来のことを表す。

21 **pedir que ＋ 接続法** (anotéis ← anotar)　「〜するように頼む」。anotéis の他、セミコロン (;) 後に出てくる escriba ← escribir も依頼の内容を表す。

22 **por ＋ 形容詞 que sea**　「どんなに〜であろうと」。

cuaderno de bitácora[23]. ¿Os consideráis preparados[24] para ello?

—Por supuesto, papá —asegura Nela.

Y Vicentito la secunda:

—Dalo por hecho[25], papá. No te vamos a fallar. Y estamos muy orgullosos de que confíes en nosotros.

5

---

23 **un cuaderno de bitácora** 「航海日誌」。cuaderno は「ノート」、bitácora は「ビナクル（羅針の取付架台）」。

24 **considerarse ＋ 形容詞** 「自分自身を〜とみなす」。

25 **Dalo por hecho** 「任せてよ」←「それがもう果たされたものと考えてください」。dar「（直接目的語）を〜とみなす」が tú に対する命令の形 (da) をとり、それに直接目的格の人称代名詞 lo が付いている。

Cuando papá entra en una de esas etapas de furor creativo, todo se altera a su alrededor. Gracias a ello Vicentito y yo somos ahora más responsables. Como a papá no se le puede molestar[1], tendremos que ocuparnos nosotros de todo. A mamá le provocan alergia los animales vivos. En París, no quiso hacerse una fotografía al lado de la *Jacinta*. Estamos todos: papá, Arsenia, Faustino, Vicentito y yo. La familia al 5 completo[2]. Bueno, todos menos ella[3]. «¿Qué hace una mujer distinguida al lado de una vaca?», se preguntaba mamá escandalizada. Mamá es así. Los animales le dan repelús.

A Faustino tampoco le gustan los ruiseñores. Está visto que[4] todos tenemos nuestras rarezas. Él mira con indiferencia hacia las jaulas.

—Si no da leche y tampoco se puede comer, ¿para qué sirve un ruiseñor? Para dar 10 la martingala[5] con su pico. ¡Menudo fastidio![6]

Faustino es un vaquero muy práctico. Por eso le echa terrones de azúcar[7] y piezas de fruta madura a la *Jacinta* entre el heno y la cebada.

Gracias a la *Jacinta*, mi hermano y yo hemos crecido mucho, y ahora podemos hacernos cargo de[8] los ruiseñores. Hoy les hemos quitado el alpiste de las cazoletas, 15 ni lo habían probado, y les hemos puesto una albondiguita de carne picada[9] que le pedimos al cocinero. Carne cruda, por supuesto. En realidad: trescientas albondiguitas pequeñas. Se las hemos dado una a una[10], abriéndoles el pico. Se dice pronto, pero es

---

1 **a papá no se le puede molestar** se を用いた不定人称文。間接目的格人称代名詞 le は、先行する a papá を受ける。

2 **al completo** 「全員で」。

3 **menos ella** menos は「〜を除いて」。

4 **Está visto que** + 直説法 「〜であるのは明らかだ」。

5 **dar la martingala** 「うんざりさせる」。

6 **¡Menudo fastidio!** 「なんて厄介なことだろう」。形容詞 menudo, -da「ごく小さな」は反語的に用いられている。

7 **un terrón de azúcar** 「角砂糖」。

8 **hacerse cargo de ...** 「〜（の世話）を引き受ける」。

9 **albondiguita de carne picada** albóndiga（「肉団子」）+ -ita（縮小辞）。carne picada は「挽き肉」。

10 **una a una** 「一個づつ」。albondiguita を指すので、uno「1 個」が女性形になる。

un trabajo agotador. Aunque, al final, una[11] se queda con la satisfacción de haber hecho[12] bien las cosas.

Vicentito y yo hemos ido a hablar con el capitán Guajardo. Le hemos pedido que nos guarde los restos de la comida, en vez de[13]
que los cocineros se los echen a los peces por la borda. Los vamos a esparcir en el suelo de la caseta de la *Jacinta* para que[14] allí, con el calor, se pudran y, de toda esa podredumbre fermentada, salgan gusanos, moscas y mosquitos, que es lo que más les gusta a los ruiseñores. El señor Duvalier[xxi], uno de mis profesores de París,
nos enseñó que cada mosca pone dos mil huevos. Dos mil moscas ponen cuatro millones de huevos. Cuatro millones de moscas ponen ocho mil millones de huevos. Con ocho mil millones de huevos yo creo que habría moscas suficientes[15] para alimentar a unos cuantos miles de ruiseñores.

Lo estamos calculando todo.

Faustino nos ayudaría a alimentar a los ruiseñores si pudieran ordeñarse[16]; seguro. Pero no. Los ruiseñores no dan leche. Así que[17] para él tan solo son un incordio, un capricho de papá.

Esta mañana hemos conseguido oír cantar un poco a uno de ellos[18] después de darle la albondiguita de carne.

Estamos muy ilusionados.

Nela

---

11 **una** 「人は」。通常 uno だが、ここでは事実上、日記の書き手（Nela）自身を指すので女性形。

12 **haber hecho** 過去の出来事について述べる時、不定詞は複合時制（完了形）になる。

13 **en vez de ...** 「〜の代わりに」。続く que で始まる節の動詞 echar は行われない行為なので接続法現在で表される。

14 **para que + 接続法** 「〜となるように」。pudrirse と salir がともに接続法現在（se pudran, salgan）に活用している。

15 **habría moscas suficientes** habría は、直説法現在形では hay + 名詞となる表現の直説法過去未来。

16 **si + 接続法過去** (pudieran ← poder) 非現実的な仮定を表す。帰結節は過去未来 (ayudaría)。

17 **así que ...** 「だから〜である」。

18 **oír + 不定詞** (cantar un poco) + **直接目的語** (a uno de ellos) 知覚動詞の用法。「（直接目的語が）〜するのを聞く」。

Hoy me toca¹ a mí escribir. Me habría gustado comenzar este diario de navegación, pero Nela, con eso de que² es la mayor, dijo que le correspondía. Yo lo hubiera empezado³ de otra manera, con un poco de solemnidad. Pero bueno, qué más da⁴. No merece la pena discutir por esto. Es que Nela a veces es un poco mandona⁵.

Por lo demás⁶, en el barco todo sigue igual. Como ocurre con el mar. Miras a babor, 5 miras a estribor, miras a proa y miras a popa y todo es idéntico; agua por todas partes. El capitán Guajardo sube a cubierta a echar una parrafada⁷ con nosotros cuando le queda algún tiempo libre y nos ha enseñado las palabras que más usan los marinos.

Vamos camino de⁸ Chile, haciendo escala en Buenos Aires. Del hemisferio norte al hemisferio sur. El capitán parece preocupado por los ruiseñores. <<Si consiguiéramos 10 poblar América de ruiseñores la vida sería distinta⁹>>, afirma él ahora. Luego en un mapa nos ha mostrado nuestra ruta, los tres mares que surcaremos: el Mediterráneo, el Atlántico y el Pacíficoxxii.

—El Mediterráneo es una charca de ranas, ¡fíjaos¹⁰, qué pequeño! —ha recalcado en tono despectivo—. El Atlántico y el Pacífico son mares que tienen lo que tiene que tener 15 un mar: olas que se encabritan¹¹ como caballos salvajes. Y también, islas con sirenas y piratas. Ya os las enseñaré cuando pasemos¹² cerca.

---

1 **tocar a + 人**　「(主語が)(人)の順番である」。主語は不定詞の escribir。ここでは間接目的格代名詞 me が、強調のため、a mí で繰り返されている。
2 **con eso de que ...**　「〜という理由で」。eso de (「〜ということ」) には軽蔑のニュアンスがある。
3 **hubiera empezado**　事実と異なる暗黙の仮定 (「もしぼくが先に日記の当番に当たっていたなら」) に対する帰結として、接続法過去が用いられている。
4 **qué más da**　「どうでもいいや」。以後、ビセンティトの口ぐせとして頻出する。
5 **mandón, -dona**　「いばりんぼう」。mandar「命令する」+ -ón, -ona (接尾辞、「〜しがちな」)。
6 **por lo demás**　「その上」。
7 **echar una parrafada**　「立ち話をする」。
8 **camino de ...**　「〜に向かって」。
9 **si + 接続法過去** (consiguiéramos ← conseguir)／**過去未来** (sería)　非現実的仮定とその帰結。
10 **fijaos**　再帰動詞 fijarse の vosotros に対する肯定命令。命令法 (fijad) の語末の -d を除いた上で、再帰代名詞を結合させる。
11 **se encabritan**　encabritarse「(馬が) 棹立ちになる」。
12 **cuando + 接続法現在** (pasemos ← pasar)　未来のことを表す。

Me ha impresionado su comparación de las olas encabritadas con los caballos salvajes.

El capitán Guajardo tiene dos hijos varones algo[13] mayores que nosotros. Viven en Valparaíso. Solo los ve una vez cada dos meses.

—¿Y es cierto que a los marineros les espera una novia en cada puerto? —le ha soltado[14] Nela.

—Esas cosas no se le preguntan a un capitán —le he susurrado.

—¿Por qué?

—Porque es una pregunta impertinente de una niña marisabidilla[15].

Nela será todo lo mayor que quiera[16], pero a veces no se entera de nada. Menos mal que el capitán ha hecho como si no la hubiese oído[17].

Se ha quedado callado unos minutos y luego ha continuado contándonos que confía en que[18] sus hijos sean capitanes de barco, como él.

—A mí, capitán, no me gustaría ser poeta como papá y quedarme aislado del mundo por culpa de[19] un verso que causa una de esas dichosas fiebres creativas.

—Pues entonces, ¿tú qué quieres ser?

---

13 **algo** 「いくらか」。続く形容詞 mayores にかかる副詞。

14 **le ha soltado** soltar「放す」「放つ」がここでは「だしぬけに言う」の意で用いられている。

15 **marisabidillo, -lla** 「知ったかぶりの」。

16 **será todo lo mayor que quiera** 「大人ぶりたがりである」。todo lo + 形容詞は「できるかぎり〜」。ネラの意思に左右される「そうありたい」querer (ser) は quisiera と接続法現在に活用している。

17 **como si + 接続法過去完了** (hubiese oído ← oír) 「あたかも〜したかのように」。como si + 接続法過去が「あたかも〜であるかのように」と現在の事柄に言及していたことに注意。文頭の menos mal que ... は「まだしも救われたことに〜」。

18 **confiar en que ...** 「〜と信じる」。従属節の動詞が直説法を取ることが多いが、ここでは将来のことを述べているため、ser が sean と接続法現在になっている。

19 **por culpa de ...** 「〜のせいで」。

—Pirata, a mí me gustaría ser pirata.

—¿Y llevar un loro amaestrado encima del hombro?

—No, llevar un loro no. Los loros son unos chivatos que lo repiten todo. Preferiría que[20] me acompañase un ruiseñor que volara libre a mi alrededor y que me despertara cada día con un concierto de trinos.

—Cursi, que eres un cursi[21] —me chinchó Nela.

Quizá Nela lleve razón[22]. La frase me ha quedado un poco cursi, aunque ya la he dicho, así que, ¡qué más da!

Pero le he replicado.

—¡Mandona!

Por cierto, los trescientos ruiseñores, sin novedad[23].

Vicentito

---

20 **preferir que** ＋ 接続法 (acompañase ← acompañar)　主動詞の preferir が婉曲話法で過去未来に活用しているため、従属動詞 acompañar は接続法過去 (-se 形) となっている。同様に接続法過去 (-ra 形) に活用している volar と despertar は、先行詞の ruiseñor が実在せず、Vicentito の空想のものであるためにそのようになっている。

21 **que eres un cursi**　que は強調。

22 **llevar razón**　「正しい」。確信がないため、接続法現在に活用している。

23 **sin novedad**　「異常なし」。

Vicentito me llama mandona. Yo no soy mandona. Y dice que quiere ser pirata. ¡Inmaduro!

Esta mañana ha caído un chaparrón monumental sobre la cubierta. Luego, salió el sol. Los ruiseñores han sobrevivido al aguacero. América está más cerca, aunque quedan muchos días. El capitán, cuando paseaba esta mañana con nosotros dando un 5 repaso a los ruiseñores, ha levantado el brazo y, señalando a estribor, ha dicho:

—Por ahí quedan las islas Canarias[xxiii].

Vicentito y yo preparamos trescientas albondiguitas de carne picada y se las hemos dado 10 a cada ruiseñor. Después les hemos cambiado el agua. Uno de los ruiseñores parecía un poco mustio. Se lo enseñamos a Faustino, pero le ha quitado 15 importancia[1]:

—No le pasa nada, le dolerá la cabeza. ¿A vosotros no os duele de cuando en cuando[2]? Pues a los ruiseñores también. A la *Jacinta*, 20 en cambio, no le duele nunca. Pero si le doliera la cabeza por el sol, le pondría un sombrero[3], y asunto solucionado.

---

1 **quitar importancia a ...** 「〜を気にかけない」。
2 **de cuando en cuando** 「時々」。de vez en cuando とも。
3 **si + 接続法過去** (doliera ← doler)／**過去未来** (pondría ← poner) 非現実的仮定とその帰結。

—¿Un sombrero de paja?

—No, porque, si tuviera hambre, se lo podría comer[4]; de fieltro, como los de vuestra mamá[5].

Nos hemos imaginado a la *Jacinta* con un sombrero de fieltro entrando en una fiesta de París. Y con guantes rojos en las pezuñas. Nos hemos reído mucho con la escena.

Nela

4　**si tuviera hambre, se lo podría comer**　si＋接続法過去 (tuviera ← tener) による非現実的仮定、および過去未来 (podría ← poder) による帰結。comer は再帰動詞として用いられており、lo は el sombrero de paja を指す。

5　**como los de vuestra mamá**　名詞の省略。como los sombreros de vuestra mamá。

44

Se ha muerto el ruiseñor mustio. Quedaba agua en la cazoleta, pero se ha muerto. Estaba tendido en el suelo de la jaula, patas arriba[1].

—¿Sería macho o hembra? — se le ha ocurrido[2] preguntar a Nela.

A veces Nela me desespera.

—¡Qué más da!   5

Yo creo que ha muerto de hambre y Nela asegura que de tristeza[3], por falta de[4] libertad.

¡Qué pesada se pone![5] ¡Ya, qué más da!

No sabíamos qué hacer[6] con el ruiseñor muerto. Es la primera vez que se nos muere alguien cercano.   10

—Pues tirarlo al mar —ha sido la solución de Faustino.

—¿Cómo? Pero, pero... tenemos que enterrarlo— ha replicado Nela.

—Enterrarlo, esa sí que[7] es buena, ¿dónde hay tierra aquí? —ha objetado Faustino.

Nela, que lo tenía en su mano, estaba a punto de[8] llorar.

—Eso sí que no —ha atajado el capitán Guajardo que llegaba en ese momento—. 15
Tenemos que ser fuertes y estar preparados para lo peor. Estas muertes se producen por los calores del trópico.

—¿Qué trópico? —le he preguntado.

—El trópico de Cáncer[9]. Lo estamos cruzando en este momento. ¿No notáis un calor pegajoso?   20

—Sí, capitán, un calor que empieza a ser muy pesado.

---

1 **patas arriba** 「仰向けに」←「脚を上に向けて」。

2 **ocurrirse a + 人 ...** 「(人の)頭に〜が浮かぶ」。preguntar が主語。直前の疑問文にある ser の過去未来は過去についての推量。

3 **que de tristeza** 動詞 ha muerto の省略。前置詞 de は原因を表す。

4 **por falta de ...** 「〜が足りずに」。

5 **¡Qué pesada se pone!** 感嘆文。Nela se pone pesada の意。

6 **qué + 不定詞** 「何を〜すべきか」。

7 **sí que** 強調の表現。主語の指示代名詞が esa と女性形なのは、solución を含意している。

8 **estar a punto de + 不定詞** 「もう少しで〜してしまう」。

9 **el trópico de Cáncer** 「北回帰線」。Cáncer は「カニ座」。回帰線は、夏至もしくは冬至に太陽の真下に当たる地点をつないだ線。

—Vamos hacia el infierno: primero, el trópico de Cáncer; luego, el Ecuador; y después, el trópico de Capricornio[10]. Y no debemos olvidar que los ruiseñores son tan delicados...

—Y papá, encerrado con su fiebre creadora —me he lamentado.

—Si al menos estuviera[11] con nosotros —se ha quejado Nela.

5 —Los poetas, siempre dando la nota[12] —ha concluido Faustino, que no entiende de fiebres creadoras y tampoco quiere entender de ruiseñores.

Los tres nos hemos quedado[13] mirando al capitán Guajardo como si[14] ahora fuera a él a quien correspondiera decir algo, pero se ha mantenido serio y erguido, guardando silencio.

10 —¿Y no podemos hacer algo para que no[15] mueran más? —le he preguntado, suspirando por que nos diera una solución[16].

—Ya me dirás qué. No querréis que[17] los abaniquemos. Únicamente nos queda esperar a que[18] llegue la noche y refresque.

Al final, Nela se acercó a la borda y lanzó el ruiseñor al mar. Pobre ruiseñor.

15 Seguro que se lo comen los tiburones.

Ya solo quedan 299.

Vicentito

---

10 **el trópico de Capricornio**　「南回帰線」。Capricornio は「ヤギ座」。

11 **si + 接続法過去** (estuviera ← estar)　「～であればなあ」。願望を表す。al menos は「少なくとも」。

12 **dar la nota**　「風変わりである」。dando は現在分詞。

13 **los tres nos hemos quedado**　主語は los tres だが、語り手の Vicentito 自身を含むので動詞は1人称複数に活用している。

14 **como si + 接続法過去** (fuera ← ser)　「あたかも～であるかのように」。a él と a quien が ser によって等位であることが示されている。関係代名詞 quien は「～する人」を表すが、ここでは想定の存在を指しているので、その従属動詞 corresponder も接続法になる。

15 **para que no + 接続法** (mueran ← morir)　「～しないように」。

16 **suspirando por que nos diera una solución**　suspirar por ...「～を切望する」という表現が、従属動詞に接続法 (diera ← dar) の使用を求める。

17 **querer que + 接続法** (abaniquemos ← abanicar)　「～して欲しいと望む」。

18 **esperar a que + 接続法** (llegue ← llegar, refresque ← refrescar)　「～するのを待つ」。

Hace unos días el capitán le dijo a Faustino que[1] echara los restos de comida en la caseta de la *Jacinta* porque de ellos nacerían muchas moscas. Nos hizo mucha ilusión[2] porque esa idea se la habíamos dado nosotros.

El plan es simple. Con el calor, la comida fermenta y facilita el nacimiento de insectos. No sé lo que tarda una mosca en nacer, ni dónde pone sus huevos, porque 5

nunca los he visto, pero como el profesor Duvalier nos contó que cada mosca pone dos mil huevos, por eso hicimos aquellas cuentas el día que estrenamos este diario. Lo cierto[3] es que ahora la *Jacinta* soporta una gran nube de 10 moscas alrededor.

¿Qué hacer para que todas esas moscas, además de poner cada una sus dos mil huevos, sirvan de[4] alimento a los ruiseñores? El capitán Guajardo nos ha recomendado que echemos 15 unas gotitas de agua con azúcar en el suelo de las jaulas. Es muy sencillo: las moscas se sienten atraídas por el dulce e irán a beber el agua. Así los ruiseñores podrán cazarlas. Al vuelo no, porque las jaulas son muy pequeñas. 20

El cocinero nos ha preparado dos jarras grandes de agua azucarada, que servirá de cebo para las moscas. Además, Vicentito y yo seguimos haciendo albondiguillas de carne para que los ruiseñores sobrevivan a esta durísima[5] travesía. Y para que[6] críen. Haciendo cálculos, si la mitad de los ruiseñores

---

1 **decir que** + 接続法 (echara ← echar)　「～するように伝える」。主動詞 decir が点過去であるため、従属動詞 echar は接続法過去になる。
2 **hacer ilusión a** + 人　「(人に) 希望を抱かせる」。
3 **lo** + 形容詞　中性の定冠詞を前に置くと形容詞が名詞化される。「～なもの (こと)」。
4 **servir de ...**　「～として役立つ」。para que があるため、接続法に活用している。
5 **durísima**　絶対最上級。形容詞 duro, -ra + -ísimo, -ma。
6 **para que** + 接続法 (críen ← criar)　「～するように」。

fueran hembras, es decir, ciento cincuenta hembras, y si cada una pusiera entre cuatro y cinco huevos[7], se pueden multiplicar dentro de un mes o mes y medio[8] en seiscientos o setecientos ruiseñores. Insisto[9], eso si no muere ninguno. Ojalá. De momento[10] las moscas invaden la cubierta del *Tierra del Fuego*: el alimento está asegurado.

5   Después de atender a las moscas hemos bajado al camarote de mamá y le hemos hablado de nuestros cálculos en la reproducción de las moscas, pero mamá ha puesto cara de asco[11] y nos ha mandado callar.

    —Este viaje os está convirtiendo[12] en unos salvajes.

    Algo no cuadra. Vicentito y yo nunca nos habíamos sentido tan civilizados. Estamos 10 muy orgullosos de salvar vidas. Me refiero, claro, a las de los ruiseñores[13]. Y eso que Vicentito solo sabe decir «qué más da».

Nela

---

7   **si + 接続法過去** (fueran ← ser, pusiera ← poner)　実現を楽観できない願望を含む仮定。前半で fueran hembras と仮定しているので、「一羽一羽が」は cada una と女性形になっている。

8   **mes y medio**　「ひと月半」。dentro de ... は、「〜の期間の後に」。

9   **insisto**　「断っておくと」。insistir は「言い張る」。

10   **de momento**　「さしあたり」。

11   **poner cara de ...**　「〜の（様子の）顔をする」。

12   **convirtiendo**　convertir の現在分詞。

13   **a las de los ruiseñores**　名詞の省略。las vidas de ruiseñores。claro を挟んでいるが、referirse a ... で、「（〜に）言及する」。

48

Esta mañana, una pasajera que caminaba por la cubierta se ha acercado hasta la caseta de la *Jacinta* y ha metido las narices dentro[1]. Faustino no estaba allí porque ya había acabado de ordeñar y nos habíamos quedado solo Nela y yo atendiendo a los ruiseñores. La señora nos ha mirado con un gesto de desagrado y nos ha dicho que qué raros éramos. Como si nos estuviera insultando[2].   5

—¿Nosotros, raros? ¿Quién exactamente? ¿Mamá? ¿Papá?

—Vosotros, la familia Huidobro. ¿A quién se le ocurre viajar a Amárica llevando una vaca y tantísimos[3] ruiseñores?

—Gracias a la *Jacinta* usted toma café con leche todas las mañanas, señora —he replicado.

Y Nela:

—No sea[4] desagradecida, señora.

Pero la mujer ha continuado: 15

—Y esta insoportable nube de moscas, ¿de dónde viene?

He estado a punto de responder una grosería. Me he callado porque, como papá nos tiene dicho[5]: pertenecer a la familia Huidobro obliga a ser educado y responsable.   20

Luego, la señora se ha ido a contemplar el mar y nosotros seguimos a lo nuestro[6], echando unas gotas de almíbar en las jaulas para atraer a las moscas.

---

1   **meter las narices (dentro)**   「（〜を）詮索する」←「鼻を突っ込む」。
2   **como si** + 接続法過去 (estuviera ← estar)   「あたかも〜するかのように」。estar + 現在分詞 (insultando) は進行形。前文を受けているので、主文は省略されている。
3   **tantísimos**   絶対最上級。tanto, -ta + ísimo, -ísima。
4   **no** + 接続法現在 (sea ← ser)   否定命令。
5   **tener** + 過去分詞   「〜してある」。haber を用いる現在完了と異なり、過去分詞は直接目的語（この場合は、コロンに続く発言が相当。「〜と言っている」となる）に性数一致する。
6   **lo nuestro**   「ぼくたちの仕事」。中性の定冠詞 lo +（所有）形容詞による名詞化。

Quizá la señora lleve razón[7]. Hay moscas por todas partes, pero eso era precisamente lo que pretendíamos. Ahora, lo que hace falta[8] es que se pongan al alcance de[9] los ruiseñores. No resulta tan fácil. Algunas chupan el almíbar, pero son rápidas de reflejos y salen volando antes de quedar pegadas y de que[10] el ruiseñor se las lleve a la boca. Otras, por golosas[11], quedan atrapadas en el suelo.

Nela y yo pensamos en matar moscas. En París teníamos un matamoscas: una paleta con un mango alargado, pero se habrá quedado[12] allí. Con cada paletada que diéramos al aire[13], acabaríamos con unas cuantas[14]. Lo complicado sería encontrarlas luego entre la paja y las boñigas de la *Jacinta*, unas boñigas enormes como hogazas de pan.

Si papá no viviera sometido a esa fiebre creadora, todo sería más fácil. O si mamá y Arsenia nos ayudaran[15] un poco, aunque ellas, como Faustino, tampoco quieren saber nada de los ruiseñores. El único que nos echa una mano[16] es el capitán Guajardo, pero anda con muchas ocupaciones; es muy difícil gobernar un buque como el *Tierra del Fuego*, lleno de gente extraña como la señora esa[17] que protesta por todo. Supongo que, en caso de necesidad, podría ordenar a los pasajeros que[18] cazasen moscas. Él manda aquí. Me imagino a todo el mundo[19] corriendo por el barco, desde la cubierta hasta la sala de máquinas, escaleras arriba y abajo, persiguiendo moscas. Y a la señora protestona,

---

7   **llevar razón**　「正しい」。tener razón と同義。疑念の余地があるので接続法 (lleve ← llevar)。

8   **hacer falta**　「必要である」。lo que とともに名詞句を作り、続く ser の主語となっている。

9   **al alcance de ...**　「～の手の届くところに」。ともに使われている動詞 ponerse は、必要性を表す表現のなかで接続法をとっている。

10 **antes de + 不定詞** (quedar)／**de que + 接続法** (se lleve ← llevarse)　「～する前に」。

11 **por golosas**　por は理由を表す。動詞を補うなら、por ser golosas。

12 **se habrá quedado**　直説法未来完了。現在完了の推量として用いられている。

13 **al aire**　「宙に」。dar は実際のものではなく想定の paletada を先行詞としているため、接続法 (過去。diéramos) になっている。

14 **unas cuantas**　unos, -nas cuantos, -tas で「いくつかの」。ここでは moscsas を指すので女性形。

15 **si + 接続法過去** (ayudaran ← ayudar)　事実と異なる仮定。前文も同様で、いずれも帰結節は todo sería más fácil。

16 **echar una mano**　「手を貸す」。

17 **la señora esa**　後置された esa には軽蔑のニュアンスが伴う。

18 **ordenar que + 接続法** (cazasen ← cazar)　主動詞が podría と過去時制であるため、従属動詞 cazar の活用も接続法過去 (-se 形) になっている。

19 **todo el mundo**　「全員」。

también. Y, si se negase a cazar, se quedaría[20] castigada sin comer. Y puedo vernos a Nela y a mí recogiéndolas en un bote[21]. Y al capitán Guajardo formando[22] a los pasajeros en cubierta e imponiendo una medalla al que más moscas hubiese conseguido[23]. Por su contribución a la vida de los ruiseñores.

    ¿Nela y yo somos raros por pensar estas cosas? Yo creo que no. Para rara[24], la señora 5
que nos ha llamado raros a nosotros. A ella, el capitán la dejaría sin medalla y sin comida, por protestona. Pero qué más da. Papá tampoco es raro. Papá es poeta, y los poetas son así. Nela y yo lo sabemos porque por nuestra casa de París pasaban muchos poetas y, cuando se iban, papá decía de algunos que eran un poco excéntricos. Un día Nela y yo buscamos en el diccionario para ver qué quería decir <<excéntrico>> y descubrimos que 10
significaba <<raro>>. Arsenia asegura que de poetas y de locos todos tenemos un poco[25]. La señora que nos ha llamado raros a nosotros será un poquito excéntrica. Pero, pensándolo bien, ¡qué más da!

Vicentito 15

---

20 **si + 接続法過去** (se negase ← negarse) ／ **過去未来** (se quedaría ← quedarse)　非現実的仮定とその帰結。

21 **puedo vernos a Nela y a mí recogiéndolas en un bote**　主語の Vicentito 自身を直接目的語に含むので再帰の形をとっているが、ver + 直接目的語 + 現在分詞 (recogiendo ← recoger) は「(直接目的語が) 〜しているのを見る」。recogiendo に結合した直接目的格代名詞 las は moscas を指す。bote は「広口瓶」。

22 **capitán Guajardo formando**　文の前半 (注 21) と同様 puedo ver に対して al capitán Guajardo が直接目的語で、formando とさらに後に出てくる imponiendo の二つの現在分詞がその目撃された動作を表す。

23 **al que más moscas hubiese conseguido**　al que は前置詞 a + el que ...（「〜する者」）。hubiese conseguido と従属動詞が接続法（過去完了）となるのは、先行詞が空想上の存在であるため。

24 **para ...**　「〜というのにふさわしいのは」。

25 **de poetas y de locos todos tenemos un poco**　todos tenemos un poco de poetas y de locos の倒置。todos は主語だが、話者自身を含むので動詞の活用は 1 人称複数。

Se han muerto tres ruiseñores. Y ya van cuatro[1]. Yo misma me he visto obligada[2] a tirarlos por la borda con gran pesar. Acabarán entre las fauces de los tiburones. Quizá mueren por este bochorno insoportable. O porque se sienten presos. Los ruiseñores aman rabiosamente la libertad. Como yo, como todo el mundo, supongo. No saben que los llevamos presos para dejarlos libres. No lo saben y no se lo podemos explicar. 5

A veces llueve, cae un chaparrón tremendo y luego se van las nubes, sale el sol y hace un calor agobiante.

Estamos a punto de[3] atravesar el Ecuador. Lo ha dicho el capitán. También, que[4] los ruiseñores, cuando suben a Europa, lo hacen huyendo del sol del África ecuatorial, tan sofocante como este[5] que soportamos ahora. O sea, que los ruiseñores no se dirigen a 10 Europa a anunciar la primavera, sino para escapar del bochorno que se les avecina, porque llevan un termómetro en el cuerpo. Ellos lo tienen fácil[6]. No necesitan sacar billete de barco, tampoco están obligados a soportar señoras que hacen preguntas impertinentes. En cuanto[7] adivinan que va a llegar el calor, buscan temperaturas más templadas. Y luego, cuando empiezan a olerse los primeros fríos invernales de Europa, 15 regresan al abrigo del calor de los trópicos. ¡Qué suerte de vida volandera![8]

A papá le encantan los ángeles, quizá por eso le gustan los pájaros. Pero ya se le

1 **ya van cuatro** 「（すでに死んだ鳥が）4羽になる」。ir は結果としての数量を表す。
2 **verse ...** 「（～な状態）である」。visto は ver の過去分詞で、現在完了に活用している。
3 **estar a punto de + 不定詞** 「今にも～するところ」。ここでの el Ecuador は同名の国ではなく、「赤道」を指す。
4 **También, que ...** 動詞の省略。También ha dicho que ...の意。
5 **este** el sol を意味する。
6 **lo tienen fácil** 「それをやすやすとやってのける」←「それを容易な状態に保つ」。
7 **en cuanto ...** 「～するとすぐに」。adivinar が習慣的な行為なので直説法だが、未来のことを表す場合には、接続法をとることもある。
8 **¡Qué suerte de vida volandera!** 感嘆文。ここでの suerte は「運」ではなく「種類」。

podría pasar la fiebre creadora y estar con nosotros. A veces papá sí[9] es un poco raro. Pero gracias a sus rarezas, si todo va bien, dentro de unos años América se va a despertar con los trinos de los ruiseñores.

Papá es grande.

Nela

Los pasajeros suben a cubierta para tomar el fresco[1], pero apenas corre la brisa. Allí se encuentran con la *Jacinta* , con los ruiseñores y con las moscas. Tengo la sensación de que no les agrada ver esa nube de insectos revoloteando a su alrededor. ¡Pues nadie les obliga! ¡Que se queden[2] en sus camarotes!

Hay tantas moscas que[3] hemos decidido no echar más restos de comida en la basura. 5

Hemos calculado que habrá cuarenta millones, y cuarenta millones de moscas pueden hundir un barco. Supongo que no ha sido por falta de comida por lo que han muerto los cuatro ruiseñores[4].

—Con tanta mosca se van a engollipar[5]. 10

A Nela y a mí nos gusta mucho esa palabra que suele decirnos Arsenia cuando nos metemos mucha comida en la boca.

—Cuidado, que se engollipan ustedes.

Es típica de Arsenia, de cuando éramos 15 pequeños. Una palabra que nos hace mucha gracia[6]. A papá también le hace gracia. A mamá, no. Mamá prefiere la palabra «atragantar».

— Mueren por falta de libertad— insiste Nela constantemente. 20

Pero una vez que han muerto ya no se puede hacer nada[7]. Así que, ¡qué, más da!

Anoche vimos a papá. Salió a despejarse[8] un poco. Parecía un sonámbulo. Nos preguntó cómo iba todo y contestamos que bien, pero Nela y yo nos percatamos de que ahora,

---

1 **tomar el fresco** 「涼をとる」。
2 **que + 接続法** (queden ← quedar) 願望を表す。「〜すればよいのに」。
3 **tantos, -tas + 名詞 que ...** 「〜するほどにたくさんの（名詞）」。
4 **por falta de comida / por lo que han muerto los cutro ruiseñores** no ha sido によって等位に結ばれている。「〜したのは〜のせいではなかった」。por はともに原因を表している。
5 **engolliparse** 「喉を詰まらせる」。一般的な表現は、後出の atragantar。
6 **hacer gracia a + 人** 「（人を）おもしろがらせる」。
7 **ya no se puede hacer nada** se + 動詞の3人称単数の活用は、主語を特定しない非人称文。
8 **despejarse** 「眠気を覚ます」。

para él, los ruiseñores han pasado a un segundo plano[9].

—Está febril por la poesía —diagnosticó poco después mamá.

A mamá no le gusta que papá padezca[10] fiebres poéticas.

Cuando se enfadan y discuten, él le recuerda:

5　　—Ya era poeta cuando me conociste.

—Pero no estabas tan loco —responde ella.

Hoy no ha muerto ningún ruiseñor. Y eso que[11] a Faustino, durante el ordeño de la tarde, se le escapó:

—¡Esta canícula[12] es matadora!

10　Pues no, por suerte[13] la canícula no ha matado a nadie.

La señora protestona ha salido a pasear por la cubierta con una sombrilla. Sigue mirando con desdén a la vaca, los ruiseñores y las moscas, como si le dieran[14] asco.

—Se cree[15] la reina de Inglaterra —murmuró Faustino.

—¿A la reina de Inglaterra le dan asco las vacas y los ruiseñores? —no me pude

15　contener.

—Lo digo por la manera de andar.

—¿Y cuándo has visto tú a la reina de Inglaterra?

—Pasaba a veces por la vaquería de París y me ayudaba a ordeñar a la *Jacinta*.

—¡Faustino, eres un mentiroso!

20　Faustino se divierte contando trolas así de grandes[16]. Que la reina de Inglaterra le ayudaba a ordeñar a la *Jacinta* ... ¡Eso no se lo cree nadie!, pero ¡qué más da!

Vicentito

9　**el segundo plano**　舞台の「背景」の意。「前景」el primer plano に対して「中景」を指す。

10　**gustarle a** + 人 (A mamá) **que** + 接続法 (padezca ← padecer)　「～することを（人が）好む」。

11　**y eso que ...**　「そうだというのに～」。escaparse a + 人 (a Faustino)は、「（人の口から）声が漏れる」。

12　**canícula**　「酷暑」。厳密には「大暑（一年を通じてもっとも暑い時期）」を意味する。

13　**por suerte**　「幸いにも」。

14　**como si** + 接続法過去 (dieran ← dar)　「あたかも～であるかのように」。dar asco a + 人は、「（主語が人に）吐き気を催させる」→「（人が主語に）嫌悪をおぼえる」。

15　**creerse**　「自らを～と思う」。

16　**así de grandes**　「こんな大げさな」。

Esta mañana, durante nuestro paseo, el capitán Guajardo nos ha anunciado que estamos atravesando la zona más tórrida del planeta. Él está acostumbrado y ya no le impresiona nada. Nos ha reconocido que, más que al Ecuador, teme a la influencia del océano Glaciar Antártico^{xxiv}.

—Y eso, ¿por dónde queda¹? 5

—En el casquete polar².

—¿En el casquete polar?

—Sí, al sur de Tierra del Fuego³. Ya lo notaréis cuando atravesemos el estrecho de Magallanes^{xxv}. Allí el frío es un cuchillo.

Hace siete años, cuando hicimos el viaje a Europa, Vicentito y yo éramos tan 10 pequeños que no recordamos nada.

Cuando hemos acabado de esparcir el almíbar en las jaulas, el capitán nos ha llevado a su camarote. El suyo es de lujo. Nos ha enseñado brújulas, planisferios⁴, astrolabios⁵, mapas y cartas de navegación⁶. ¡Qué maravilla! Las cartas a él no le sirven de⁷ mucho porque siempre hace el mismo itinerario. Lleva quince años sin cambiar de rumbo. 15

—Tiene que ser un poco aburrido, capitán —le he dicho.

—No creas⁸. La ruta es la misma, pero los pasajeros y las circunstancias hacen que⁹ cada viaje sea diferente.

Vicentito ha aprovechado la invitación del capitán para curiosear:

—Y el astrolabio, ¿para qué sirve? 20

—El astrolabio es el mapa del firmamento y lo utilizamos para conocer las estrellas. Los marineros por la noche nos orientamos gracias a ellas.

---

1 **quedar** + 場所の副詞 (句) 「～にある (いる)」。

2 **el casquete polar** 「極冠」。

3 **Tierra del Fuego** この「ティエラ・デル・フエゴ」は船名ではなく、それが由来する地名。

4 **planisferios** 「平面天球図」。形容詞 plano, -na は「平らな」の意味を持つ。

5 **astrolabios** 「アストロラーバ」。プリズムや水銀盤面などを用いて太陽、月、恒星など天体を観測し、船の位置を精密に測定するための装置。

6 **cartas de navegación** 「海図」。

7 **servir de ...** 「～として役立つ」。ここでは否定文で「あまり役に立たない」。

8 **no** + 接続法現在 (creas ← creer) 否定命令。

9 **hacer que** + 接続法 (sea ← ser) 「～であるようにする」。

—¡<<Astrolabio>>! ¡Qué palabra tan bonita!

—Ya lo creo. La navegación está llena de palabras bonitas —nos ha asegurado el capitán Guajardo.

— A mí me suena a beso y a romanticismo.

5   —¡Cursi! —ha rematado Vicentito.

Como estaba el capitán, no he querido discutir con mi hermano, que a veces se pone un poco bruto. Después, el capitán nos ha hablado de los sacrificios que exige la navegación.

—Como la poesía —ha dicho Vicentito.

10   El capitán ha sonreído antes de responder:

—En realidad, exige muchos más sacrificios que la poesía[10]. Los marineros apenas vemos a nuestra familia. Nos pasamos la mayor parte del año fuera de casa.

—Los poetas, cuando les entra el furor creativo, se encierran y tampoco ven a su familia.

15   El capitán ha vuelto a sonreír.

Luego, sobre un mapa, nos ha señalado el punto exacto del mar que atravesábamos en ese momento.

—Aquí estamos, frente a Pernambuco[xxvi].

—Pero no se ve.

20   —No se ve nada más que el mar[11] porque estamos a más de cien millas.

—<<Pernambuco>> también es una palabra muy sonora —ha insistido Vicentito.

—Sí —ha sido la respuesta del capitán—, hay ciudades que habría que visitar[12] solo para saber qué se esconde detrás de su nombre.

—¿Pero es tan bonita la ciudad como su nombre? —me he apresurado a preguntar.

25   —No lo sé. El *Tierra del Fuego* nunca ha atracado en Pernambuco.

Por suerte, en esta ocasión, Vicentito no ha hecho ningún comentario impertinente.

Lo que más me ha sorprendido de la visita al camarote del capitán Guajardo ha sido cuando nos ha hablado del desgarro que sufrió la Tierra hace millones de años[13]. Hasta entonces América del Sur y África formaban un solo continente. El cabo San Roque[xxvii],

---

10 **exige muchos más sacrificios que la poesía**　主語は la navegación。más は形容詞 mucho, -cha の優等比較で、副詞 mucho によって強調されている。

11 **no ver nada más que ...**　「～だけしか見えない」。

12 **haber que + 不定詞**　「～しなくてはならない」。不定人称文。この用法での haber は常に 3 人称単数で活用するが、ここでは婉曲表現として直説法過去未来になっている。

13 **ser + 時間（場所）の表現**　「～で起こる」。Lo que más me ha sorprendido (...) del capitán Guajardo が主語で、cuando nos ha hablado (...) hace millones de años までが、時間の表現に相当する。

58

cerca de Pernambuco, en Brasil, encaja a la perfección en el golfo de Guinea[xxviii], en África.

—Dos piezas de un mismo rompecabezas.

Vicentito y yo nos hemos quedado pensando en esos extraños desgarrones que sufrió la Tierra hace miles y miles de años.

—¿Y por qué no hay ruiseñores en América si antes América y África eran el mismo continente? —me ha consultado Vicentito cuando hemos subido a cubierta.

—Y yo qué sé[14]. Deja de pensar en esas cosas y vamos a dar un repaso a las jaulas para comprobar que no ha muerto ninguno.

Por suerte, todos seguían vivos.

Nos hemos acercado con el capitán a popa para ver la estela de espuma blanca que deja el barco tras de sí[15]. Es un rastro precioso que atrapa la mirada como el fuego o el agua del río.

El capitán Guajardo ha señalado a babor. Al principio no hemos visto nada, entonces nos ha dejado su catalejo:

—Aguzad la vista[16]. Está allí, entre la calima; ¿veis un pequeño archipiélago volcánico? Es muy peligroso.

Lo que ha avivado mi curiosidad:

—¿Peligroso? ¿Por qué?

—Para un capitán de barco, los islotes pequeños entrañan mucho peligro, sobre todo por la noche, porque puedes chocar contra ellos. Como le ocurrió al *Titanic*. Su casco[17] se golpeó con un iceberg y poco después se hundió. Ya sabéis que muchos pasajeros perdieron la vida en el mar.

---

14 **yo qué sé** 「わかるはずがない」。

15 **tras de sí** sí は代名詞で「それ自体」、el barco を指す。

16 **aguzar la vista** 「目を凝らす」。aguzad は命令法 2 人称複数。

17 **casco** 「船体」。

Qué-más-da no se ha dado por satisfecho y ha querido saber un poco más:

—¿Vive alguien en esa isla?

—Por supuesto. Desde aquí parece pequeña, pero está habitada; aunque sospecho que la mayor parte de sus vecinos no querría vivir allí.

5 —¿Y por qué no se marchan?

—Porque están presos y no es fácil escapar de una isla, aunque alguno, en el pasado, lo consiguiera[18].

—¿Se fueron?

—Huyeron en barcos piratas. Porque, durante años, fue un lugar de encuentro de

10 piratas.

—¿Y cómo se llama?

—La isla Fernando de Noronha[xxix]. Recibió el nombre de uno de los primeros conquistadores que la exploró al servicio del[19] rey de Portugal.

—¡Cuántas historias sabe, capitán!

15 —Ya os he dicho antes que, aunque hago siempre la misma ruta, cada viaje es diferente.

— ¿Y alguna vez se ha enfrentado a los piratas?

—Todos los días —ha sido su respuesta.

Vicentito y yo debemos de[20] haber puesto cara de no saber qué quería decir, porque el capitán ha continuado:

20 —Cada día me enfrento conmigo mismo, con esa parte pirata que llevo dentro. Todos tenemos un lado pirata. Aunque a veces no lo dejemos salir[21]. Si soy capitán de barco es porque, de niño, cuando era como vosotros, soñaba con ser pirata. Y ya veis dónde he llegado.

Después se ha quedado muy serio y, dándonos la espalda[22], se ha marchado hacia su

25 camarote.

Nela

---

18 **aunque** + 接続法 (consiguiera ← conseguir)　「たとえ〜としても」。仮定への譲歩。

19 **al servicio de ...**　「〜に仕えて」。

20 **deber de** + 不定詞　「〜に違いない」。poner cara de ... は「〜の顔をする」。過去の行為として捉えており、複合時制 (haber + 過去分詞 puesto) となっている。saber + 疑問詞 qué は間接疑問文。

21 **dejar** + 直接目的語 + 不定詞　「(直接目的語を)〜させておく」。aunque + 接続法 (dejemos) は、仮定の譲歩。

22 **dar la espalda a** + 人　「(人に)背を向ける」。現在分詞 dando に間接目的格人称代名詞 nos が結合している。

El *Tierra del Fuego* avanza hacia el trópico de Capricornio. Hace tanto calor como estos días de atrás[1]. Hoy han muerto siete ruiseñores. Y van once. ¡Pobres pajaritos[2]! Yo creo que no soportan tanto sofoco, aunque Nela repite que lo que[3] les mata es la falta de libertad. A Nela siempre le da por[4] la cursilería. No dejo de darle vueltas[5]; ¿por qué siete y tan de repente[6]? Si lo supiéramos[7], Nela y yo podríamos hacer algo. Algo no, haríamos todo lo que[8] estuviera en nuestra mano para impedirlo.

Entre el calor y la muerte de los ruiseñores, estoy muy triste. Tratamos de que lleguen[9] vivos a Chile. Y papá tiene que saber que se han muerto. Siete en una sola noche..., son muchos.

Al capitán hoy no le hemos visto ni un momento. Con este bochorno estará encerrado en su camarote. ¡Qué más da! Él tampoco puede hacer nada. Faustino, como siempre, no le ha dado ninguna importancia a la muerte de los ruiseñores. A él la única que le interesa[10] es la *Jacinta*. Mamá ni se ha inmutado cuando se lo hemos dicho. Solo nos preocupan a Nela y a mí[11]; bueno, y al capitán Guajardo.

Papá debería saberlo. Y darnos alguna solución para que[12] no se mueran más.

Vicentito

1　**estos días de atrás**　estos últimos días の意。
2　**pajaritos**　pájaro + 縮小辞 -ito。
3　**lo que ...**　「～するもの」。ここでは ser の主語。
4　**dar a 人** (le / a Nela) **por + 名詞**　「(人が) ～に執心する」。cursinería は「気取った態度」。
5　**darle vueltas**　「考えを巡らせる」。no dejar de + inf. は「～し続ける」←「～するのをやめない」。
6　**de repente**　「突然に」。
7　**si + 接続法過去** (supiéramos ← saber)　現実と異なる仮定。帰結節は過去未来 (podríamos ← poder)。
8　**todo lo que ...**　「～するものすべて」。ここでは何をすべきか不明なので、また主動詞が過去時制 (過去未来) であるのに合わせて、従属動詞は接続法過去 (estuviera ← estar)。
9　**tratar de que + 接続法** (lleguen ← llegar)　「～するように努める」。vivos は形容詞で、llegar の主語である los ruiseñores に性数一致している。
10　**le interesa**　interesar の前に置かれた le は、文頭の a él で具体的に繰り返されている。
11　**a Nela y a mí**　preocupar に前置された直接目的格代名詞 nos の内容を具体的に説明している。
12　**para que + 接続法** (mueran ← morir)　「～するように」。従属動詞が no を伴うと、「～しないように」になる。

Ayer por la noche llamamos a la puerta del camarote de papá. Necesitábamos verlo. Cuando nos abrió tenía los ojos hinchados, como si llevara[1] tiempo sin dormir. Parecía cansado, igual que[2] si acabara de salir de un combate de boxeo y todos los golpes se los hubiera llevado él. El camarote estaba muy desordenado, con papeles tirados por el suelo.

Le dijimos que ya habían muerto once ruiseñores; le dijimos que entre la *Jacinta* y el calor, las moscas se multiplican; le dijimos que estamos asustados; le dijimos que solo el capitán nos ayuda, como si a nadie le importara[3] que los ruiseñores llegaran vivos.

Nos dijo que[4] siguiéramos así, que seguro que lo estábamos haciendo bien; nos dijo que éramos unos hijos muy responsables; nos dijo que, con suerte, en unos pocos días acabaría ese poema largo que lo estaba dejando desfallecido; nos dijo que le diéramos un beso a mamá. <<Un beso muy fuerte>>, nos recalcó. Nos dijo que saliéramos de su camarote.

Al momento[5], me acordé de la señora protestona que pasea a veces con su sombrilla por la cubierta. Y me surgió la duda.

<<¿Seremos raros los Huidobro?>>.

Quizá sí. ¿Y qué?

Hoy no se ha muerto ninguno de los ruiseñores. Menos mal.

Nela

5

10

15

20

---

1 **como si** + 接続法過去 (llevara ← llevar) 「まるで〜であるかのように」。llevar tiempo は「時間を過ごす」。

2 **igual que** 「〜と同じように」。続く si + 接続法過去は、事実と異なる仮定を表す。

3 **como si** + 接続法過去 (importara ← importar) 「まるで〜であるかのように」。importarle a + 人 (a nadie) que + 接続法は、「（人にとって）〜することが重要である」。

4 **decir que** + 接続法 (siguiéramos ← seguir, diéramos ← dar, saliéramos ← salir) 「〜するようにと言う」。この段落では、主動詞 decir が点過去なので、接続法も過去時制になっている。

5 **al momento** 「すぐさま」。

—Me mata el calor fatigoso del trópico,— ha bufado un pasajero mientras paseaba por la cubierta junto a[1] su mujer.

Luego ella ha resoplado:

—¡Qué bochorno!

He pensado en los pobres ruiseñores, sobreviviendo en este trópico fatigoso.   5

Nela y yo, que los estábamos escuchando, nos hemos sentido culpables por si[2] no los estamos cuidando bien. Menos mal que la *Jacinta* sigue con su producción de leche y multiplicando las moscas a su alrededor. La *Jacinta* es un prodigio. Ella sola proporciona leche para todos los pasajeros y moscas para todos los ruiseñores. Es una suerte que[3] el capitán Guajardo nos permita viajar con ella. Cuando los boques de Chile y de América 10 estén[4] llenos de ruiseñores, alguien tendrá que recordar a nuestra vaca. Y hacerle una estatua, con un pedestal que ponga[5]:

<<A la *Jacinta*, una vaca heroica>>.

Ese día nadie se acordará de este montón de protestones que viaja en el barco y que solo sabe poner pegas[6] y cara de asco.   15

Yo me digo: ¡qué más da! Y procuro no hacerles ni caso[7].

Vicentito

---

1 **junto a ...**　「〜といっしょに」。
2 **por si ...**　「〜であるかもしれないので」。接続法も可能だが、ここでは、そうかもしれないという気持ちが強いので estar を直説法で活用している。
3 **ser una suerte que** + 接続法 (permita ← permitir)　価値判断をしているため従属動詞は接続法に活用する。
4 **cuando** + 接続法 (estén ← estar)　成就していない未来の事柄を表す。
5 **un pedestal que ponga**　先行詞の un pedastal が実在しないので、poner の活用は接続法になる。
6 **poner pegas**　「難癖をつける」。poner cara de asco は「不快な顔をする」で既出。
7 **hacer caso a** + 人 (les)　「（人を）気にかける」。ここでは動詞 hacer が no をともなって否定されているが、ni はそれをさらに強調している。

Hemos dejado a babor Río de Janeiro×××. El capitán nos ha anunciado que dentro de tres días el *Tierra del Fuego* atracará en Buenos Aires. Tres días aún. Parece que allí hará menos calor.

Estamos un poco decaídos. Hoy han aparecido muertos cinco ruiseñores. Y van dieciséis. Vamos[1], que nos quedan 284. Y aún tenemos que pasar el estrecho de 5 Magallanes. El capitán le tiene miedo al estrecho de Magallanes. Los 284 ruiseñores

parecen muchos todavía, pero no son tantos. Él nos ha advertido de que, para que[2] una especie se desarrolle, es necesario un número mínimo de individuos. 10

Se me ha ocurrido una idea: soltarlos cuando lleguemos a Buenos Aires. Así estarían a salvo de[3] las temperaturas bajo cero que les esperan al llegar a la Patagonia×××i, cerca del océano Glaciar Antártico. En medio de este calor, casi da 15 escalofríos escribir océano Glaciar Antártico.

—Así, podrían llegar a Chile por su propia cuenta[4].

—No lo creo —ha sentenciado rotundo[5] el capitán. 20

—¿Por qué?

—La cordillera de los Andes es tan alta que[6] nos aísla de Argentina. La mejor manera de

---

1 **vamos** 「ということは」、「つまり」(概括)。

2 **para que** + 接続法 (se desarrolle ← desarrollarse) 「～するためには」。従属動詞の主語 una especie は「(生物の)種」。

3 **a salvo de ...** 「～から無事でいる」。

4 **por su propia cuenta** 「自分たちで」。por cuenta de + 人「(人の)責任で」。

5 **rontundo** 形容詞だが、主語の補語となり、副詞のように働いている。

6 **tan** + 形容詞 (alta) **que ...** 「あまりに～なので……」。

asegurarnos de que[7] lleguen a Chile, y luego al resto de América, es soltándolos en Valparaíso. Ese es el deseo de vuestro papá. Una vez en tierra chilena, los propios ruiseñores sabrán lo que tienen que hacer para multiplicarse por el territorio. El instinto guía siempre a los pájaros. Pero la altura y el frío de los Andes hacen que[8] por
5   allí solo vuele el cóndor.

　　—¿Qué es el cóndor?

　　—La mayor de las aves del planeta. Mide más de tres metros. Una carroñera[9] como los buitres europeos.

　　—¿Podría comerse a los ruiseñores?

10　—No, el cóndor solo come carroña[10].

　　—¿Qué es carroña?

　　—Carne corrompida de animales muertos.

　　—A lo mejor[11] —ha sugerido Vicentito—, los ruiseñores quieren regresar a África y a Europa.

15　—Sin embargo, no tienen fuerza suficiente para cruzar el Atlántico —nos ha aclarado el capitán.

　　—¿Le preguntamos a papá si los soltamos en Buenos Aires? —he intervenido yo.

　　—¡Qué más da! Además, papá anda preso[12] en su fiebre creadora y no podemos molestarlo —ha sido la conclusión de mi hermano.

20　—¿Y por qué no? Para eso somos sus hijos. Estamos un poco perdidos y tiene que sacarnos de dudas.

　　Vicentito siempre dice a todo: «¡qué más da!». A mí no me da lo mismo[13]. Yo estoy preocupada por los ruiseñores.

Nela

7　**asegurarse de que ...**　用いられる従属動詞は、直説法と接続法のどちらも可。ここでは、まだ成就されないことについて述べているので接続法 (lleguen ← llegar)。

8　**hacer que** + 接続法 (vuele ← volar)　「～となるようにする」。

9　**carroñera**　「腐肉食の猛禽類」。

10　**carroña**　「腐肉」。

11　**a lo mejor**　「たぶん」。

12　**andar** + 形容詞　「～の状態にある」。

13　**darle lo mismo a** + 人　「（人にとって）どうでもよい」。

68

Durante la noche ha llovido de manera torrencial. No ha muerto ningún ruiseñor, pero, de repente, han desaparecido todas las moscas. Bueno, casi todas. Todavía quedan algunas. Pero la gran nube que revoloteaba alrededor de la caseta se ha esfumado.

—Se las habrán comido los ruiseñores —ha insinuado Nela.

—¿Tantas moscas para tan pocos ruiseñores? 5
No lo creo.

—Son muy tragones —ha insistido ella.

—¿Cómo se las van a comer ellos?

—Abriendo el pico.

—Se habrían atiborrado. 10

—A lo mejor por eso murieron los cinco ruiseñores hace unos días: del atracón[1].

—¡Qué más da! Eres una exagerada.

—Siempre estás con el qué más da[2].

También ella repite siempre que los ruiseñores 15 mueren por estar enjaulados. No sé por qué ahora dice lo que dice. Cada uno tenemos nuestras manías. En fin[3], yo mantengo que, una vez muertos: ¡qué más da! Ella ha seguido dale que te pego[4] con lo de[5] la comilona y con la falta de libertad.

Al final, como no nos poníamos de acuerdo, le hemos preguntado a Faustino si los 20 ruiseñores podían morir de un empacho.

—Es muy raro. Los animales tienen su instinto y, por mucho que[6] les guste un alimento, saben hasta dónde deben llegar. La *Jacinta* por ejemplo; si un día le pongo doble ración de heno, deja parte en el pesebre; cuando hace el cupo[7], no come más.

---

1 **del atracón** ここでの de (del ← de + el) は原因を表す。

2 **el qué más da** 定冠詞 el は Vicentito の口癖である qué más da 全体にかかり、これを名詞化する。

3 **en fin** 「結局のところ」。

4 **dale que te pego** 副詞句として働いて「しつこく」。hale que te pego, dale que dale とも。

5 **lo de** + 名詞 「～のこと」。

6 **por** + 副詞 **que** + 接続法 (guste ← gustar) 「どんなに～しても」。

7 **hacer el cupo** 「満腹すると」。cupo は「割り当てられた量」。

—¿Y las serpientes? —ha preguntado Nela.

—Las serpientes son un caso aparte —ha continuado Faustino—. Una serpiente puede llegar a tragarse una vaca, aunque luego se pase[8] dos años inmovilizada, sin probar bocado, mientras hace la digestión.

Menuda sorpresa[9] me he llevado:

—¿¿Una serpiente se puede tragar una vaca??

—Hombre, una vaca a lo mejor se le hace un poco grande[10], pero un ternero sí.

Pues entonces la nube de moscas ha quedado muy reducida porque el tiempo ha cambiado de repente,.

—Parece que[11] estuviéramos en otoño.

—Estamos en otoño —me ha confirmado Faustino.

—¿Cómo vamos a estar en otoño si salimos de Barcelona en abril?

—Es el otoño austral —ha intercedido el capitán, que llegaba en ese momento.

Y luego nos lo ha explicado. Como estamos en el hemisferio sur, aquí el verano transcurre en diciembre y enero; y el invierno, en julio y agosto. El mundo al revés, como en esa canción de <<por el mar corren las liebres y por el monte las sardinas>>[12]. Eso sí que[13] es una rareza,

El capitán nos ha preguntado por papá.

—Mañana, antes de llegar a Buenos Aires, hablaremos con él.

—Eso mismo dijimos ayer —ha protestado Nela algo enfadada[14].

—Porque hoy no lo hemos querido molestar. ¡Qué más da! Él seguirá enfrascado en su fiebre creadora.

Vicentito

---

8 **aunque ＋ 接続法** (se pase ← pasarse)　「たとえ〜であるとしても」。仮定の譲歩。inmovilizado, -da は主語の serpiente に性数一致。

9 **menuda sorpresa**　形容詞 menudo, -da の用い方は反語的。

10 **se le hace un poco grande**　「少し大きすぎる」。le は serpiente を指す。

11 **parecer que ...**　一般に直説法を伴うが、ここでは常識に反すると感じているので、estar が接続法過去 (estuviéramos ← estar) をとっている。

12 **«por el mar corren las liebres y por el monte las sardinas»**　童謡 'Vamos a contar mentiras'の歌詞の一部。後半には動詞の省略があり、補えば por el monte corren las sardinasとなる。

13 **eso sí que ...**　「もちろん〜である」。

14 **enfadada**　protestar の主語 Nelaに対する補語。algo はそれにかかる副詞。

Esta noche tampoco ha muerto ninguno. Menos mal. Hay días que apenas puedo dormir porque me interrumpen el sueño los ruiseñores. Sin embargo, creo que a mamá no la desvelan en absoluto. Nunca pregunta por ellos. Está deseando que[1] el *Tierra del Fuego* atraque en el puerto de Buenos Aires para pasear por tierra firme. <<A estirar las piernas>>, dice; ahora pasa la mayor parte del tiempo encerrada[2] en su 5 camarote y apenas pasea. Creo que se avergüenza[3] un poco de la caseta de la *Jacinta* y de los ruiseñores.

Cuando hemos llegado Vicentito y yo, estaba con Arsenia eligiendo el sombrero que se va a poner mañana cuando el barco atraque[4] en Buenos Aires. Nos ha estado contando que piensa comprarse otro. Le gusta comprar un sombrero en cada ciudad 10 que visita. Es una manera de celebrar el viaje. Y después puede hablar de ello con las amigas. Mamá es un poco presumida.

Pobre Arsenia, ella sí que sabe al detalle[5] todas las historias de sus sombreros.

Ya se empieza a notar el cambio de tiempo. Las temperaturas han bajado bastante. Y las moscas han ido disminuyendo. No puedo dejar de pensar en la influencia del 15 océano Glaciar Antártico. Aunque hoy no he reñido con Qué-más-da. Menos mal.

Nela

---

1 **desear que** + 接続法 (atraque ← atracar) 「〜するのを望む」。
2 **encerrada** pasar の主語 mamá の補語。性数一致で女性単数になっている。
3 **avergonzarse de ...** 「〜を恥じる」。語幹母音変化動詞。
4 **cuando** + 接続法 (atraque ← atracar) 「〜する時」。未来の事柄を表す。
5 **al detalle** 「詳細に」。

71

Esta mañana, como cada día nada más despertarnos[1], Nela y yo hemos subido a cubierta para ver a los ruiseñores. Estaban todos. Luego nos hemos plantado ante el camarote de papá[2] y hemos llamado a la puerta. Teníamos un poco de miedo; es que papá puede ser terrible cuando se enoja.

—Que somos nosotros, papá, que dentro de poco[3] llegamos a Buenos Aires —le hemos 5
dicho desde fuera.

Papá nos ha abierto y nos ha dado dos besos muy fuertes, pero nos hemos dado cuenta de que[4] estaba secuestrado por la poesía. Odio a la poesía cuando lo ofusca de ese modo.

Nela ha sido la primera en hablar: 10

—¿Estás luchando con la poesía, papá?

—Sí, pero ella siempre me puede[5].

—Venimos a consultarte sobre los ruiseñores.

—Vosotros sois los responsables y sé que lo estáis haciendo bien. Si tenéis alguna duda preguntadle[6] a Faustino. 15

—Papá, él solo se ocupa de la *Jacinta*. Dice que los ruiseñores no dan leche.

—¡Este Faustino!

—A veces —he tratado de ponerle al día[7]— el capitán Guajardo nos ayuda.

—Muy bien, hijos, Guajardo es un gran capitán.

—De niño quería ser pirata. 20

—No me extraña nada. Por eso lo es. Los capitanes que de niños solo quieren ser capitanes luego acaban su vida como piratas. Supongo que estáis escribiendo un diario, como os pedí ...

—Claro, papá.

---

1 **nada más** + 不定詞　「〜するとすぐに」。
2 **plantarse** + 場所の副詞句　「すぐに〜に着く」。
3 **dentro de poco**　「まもなく」。dentro de + 時間表現は、「〜の期間の後に」を表す。
4 **darse cuenta de que ...**　「〜ということに気付く」。
5 **puede**　ここでの poder は「相手をしのぐ」。主格人称代名詞 ella は la poesía を受ける。
6 **preguntadle**　preguntad は、preguntar の命令法2人称複数。目的格代名詞 (le = a Faustino) は、肯定命令の動詞に結合する。
7 **ponerle al día**　「現状を知らせる」。

—Cada día escribe uno. Tuve que ceder y lo comenzó la mandona de Nela.

—¡Soy la mayor! —se ha defendido ella.

—No discutáis[8] por esas minucias y seguid cuidando de los ruiseñores. Confío en vosotros.

5 　Papá ha vuelto a encerrarse en su camarote. Ni siquiera le hemos planteado la suelta de los ruiseñores en Buenos Aires como quería Nela. La poesía lo ha atrapado por completo[9]. Debe de estar escribiendo una obra genial. Tenía la mirada un poco perdida, como si estuviera[10] con nosotros y, a la vez, en otra parte, lejos.

　Cuando hemos vuelto a cubierta algunos pasajeros ya estaban apoyados en las
10 barandas contemplando la ciudad de Buenos Aires. Es enorme y preciosa. Luego, el *Tierra del Fuego* se ha ido acercando poco a poco[11] al muelle, con cuidado, avanzando entre los grandes buques que estaban atracados. ¡Menudo trajín de gente![12]

　Mamá y Arsenia también han subido. Nos han pedido que[13] nos pusiéramos guapos, que íbamos a salir con ellas. Sin embargo, les hemos dicho que no, que nosotros nos

8　**no** + 接続法現在 (discutáis ← discutir)　否定命令。続く seguid は命令法で、肯定命令。いずれも 2 人称複数の活用。

9　**por completo**　「すっかり」。

10　**como si** + 接続法過去 (estuviera ← estar)　「あたかも〜であるかのように」。a la vez は「同時に」。

11　**poco a poco**　「少しづつ」。

12　**¡Menudo trajín de gente!**　「人々のなんと忙しそうなことだろう」。trajín は「忙しく往来すること」。menudo は反語的に「すごい」。

13　**pedir que** + 接続法 (nos pusiéramos ← ponerse)　「〜するように頼む」。ponerse guapo, -pa で「めかし込む」。

quedábamos.

—Bueno, si quiere, que salga[14] Nela; yo prefiero quedarme cuidando de los ruiseñores —he rectificado.

Tras las maniobras de atraque han desembarcado bastantes pasajeros y luego, durante tres horas seguidas, los estibadores han estado sacando unos fardos enormes de las bodegas. Daba gusto[15] contemplar su ir y venir con las carretillas. También resultaba

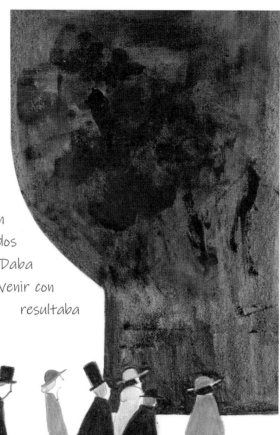

5

10

---

14 **que** + 接続法 (salga ← salir)　第三者への間接的な命令。

15 **dar gusto**　「楽しませる」。主語は不定詞の contemplar。

estupendo[16], tras tantos días de mar y solo mar, ver deambular a todas esas personas curioseando por el puerto.

Al final, Nela ha acompañado a mamá y a Arsenia en su paseo por la ciudad; ¡ya me lo imaginaba! Han apurado hasta última hora para volver a embarcar y, a la vuelta[17], 5 parecían muy contentas. Arsenia traía un estuche con forma ovalada. Por supuesto, era el sombrero de Buenos Aires que le faltaba a mamá para[18] completar su colección.

A primera hora de la tarde, el *Tierra del Fuego* ha tocado su sirena y ha comenzado las maniobras para salir del puerto.

Nela y yo hemos estado haciendo cálculos de nuevo; si todo va bien, nos quedan ocho 10 o nueve días para llegar a Valparaíso. Tengo muchas ganas de[19] soltar los ruiseñores y de ver a los abuelos, a los primos, a los tíos... ¡a todos ellos!

Vicentito

---

16 **resultar** + 形容詞　「～なものになる」。主語は ver だが、不定詞 (deambular) と直接目的語 (a todas esas personas) を伴って、「(直接目的語) が～するのを見ること」となる。

17 **a la vuelta**　「帰りに」。

18 **faltarle a** + 人 para + 不定詞　「(人にとって) ～するために必要である」。

19 **tener ganas de** + 不定詞 (soltar / ver)　「～したくてたまらない」。

Continuamos bajando. Estoy nerviosa. Sabemos por el capitán que, a partir de
Buenos Aires, cada cien millas el termómetro baja un grado; aunque de momento no se
nota mucho. Los ruiseñores han empezado a comer las albondiguillas de carne picada
que nos ha dado el cocinero. Cada vez quedan menos[1] moscas. Eran molestas, pero
ahora las echamos de menos[2]; y es el frío el que empieza a molestar.   5

—Ya podéis estar preparados porque, a partir de ahora, el frío hiere como un filo
—nos ha prevenido el capitán—. Tendréis que abrigaros bien y decidle[3] a vuestra madre
que os saque la ropa de invierno.

Estoy un poco inquieta. Qué-más-da también parece estarlo[4].

En Buenos Aires ha subido al barco un tipo con pinta de[5] payaso. Viste como un   10
payaso, lleva un gorro de payaso y mira el horizonte como los payasos. Bueno, no estoy
segura de que[6] todos lo hagan así; no quiero equivocarme. Y ha observado a los
ruiseñores.

Me recuerda a papá. Y eso que[7] papá viste con mucha elegancia, pero en la manera
de contemplar el horizonte y los pájaros parece que el payaso también tenga algo de[8]   15
él.

—¿Y estos? —nos ha preguntado.

—Son ruiseñores.

Como no los conocía, le hemos explicado que cantan muy bien y que nuestro padre
está empeñado en llevarlos hasta Valparaíso para poblar el continente.   20

---

1 **cada vez + 比較級** (menos) 「だんだんと～」。menos は形容詞 poco, -ca の比較級で、moscas にかかる。

2 **echar de menos** 「～を懐かしむ」。

3 **decidle** 命令法2人称複数で用いられている動詞 decir (decid + le) が「命じる」の意であるため、従属動詞に接続法現在の活用 (saque ← sacar) を求めている。

4 **estar + lo** lo は中性の直接目的格代名詞で、inquieto, -ta を表す。

5 **un tipo con pinta de ...** 「まるで～のような格好をした人」。名詞 pinta は「様相」。

6 **estar seguro, -ra de que** 肯定文では、+ 直説法が用いられるのに対して、ここでは否定文であるため、+ 接続法 (hagan ← hacer) となっている。

7 **y eso que ...** 「～であるというのに」。

8 **tener algo de ...** 「～と似たところがある」。一般に parecer que + 直説法だが、疑念の度合いが強いので tener が接続法になっている。

—En ese caso, yo también tengo alma de ruiseñor. Actúo en las plazas al aire libre, delante de los niños. En ocasiones recito, cuento historias y, a la vez, hago malabares.

Entonces ha sacado cuatro pelotas del enorme bolsillo de su pantalón y las ha lanzado al aire: una, otra, otra y otra; sin parar. Y no se le ha caído ni una. Al tiempo que[9] impulsaba las últimas, recogía las primeras y las lanzaba de nuevo mientras entonaba un trabalenguas endiablado sobre una liebre, pirliebre, pirpiriliebre[10]. Creo que los ruiseñores también se han quedado mirándolo.

Al final, le hemos aplaudido y él ha hecho una inclinación de cabeza[11], como si estuviera actuando en un circo ante un público numeroso. Vicentito y yo fuimos una tarde al circo en París con papá y mamá. Lo pasamos muy bien[12], pero ella se quejaba del mal olor.

—Te gustan los ruiseñores? —le hemos preguntado después.

—Sí, mucho, pero seguro que son más bonitos en libertad, volando.

—Eso haremos cuando el barco llegue[13] a Valparaíso, dejarlos libres para que vuelen[14]. —¿Libros para que vuelen?

—No, libres para que vuelen.

—Libres o libros, viene a ser lo mismo. El caso es volar. No dudo de que me gustarán más.

El payaso es mexicano y se llama Yucatán[xxxii]. Está recorriendo el continente de ciudad en ciudad[15]; baja desde México, por la costa atlántica, hasta Argentina, y, para evitar el invierno austral, va camino de[16] Valparaíso; desde allí ascenderá por la costa del Pacífico hasta Venezuela. También es funámbulo[17]; camina sobre una cuerda tensada. No sé por qué me recuerda a papá.

Nela

9　**al tiempo que ...**　「～すると同時に」。las últimas は las últimas pelotas の意。

10　**una liebre, pirliebre, pirpiriliebre**　最初のものは「野ウサギ」だが、他は意味のない言葉遊び。

11　**hacer una inclinación de cabeza**　「お辞儀をする」。

12　**pasarlo bien**　「楽しく過ごす」。

13　**cuando** + 接続法 (llegue ← llegar)　未来を表す。主節の haremos は hacer の直説法未来。

14　**para que** + 接続法 (vuelen ← volar)　「～するように」。目的を表す。dejar + 形容詞 (libres) は、「(直接目的語を) ～にしておく」。ここでの直接目的語は不定詞に結合している代名詞の los (los ruiseñores を指す) だが、次のセリフではこれを定冠詞と思って dejar los libros と聞き違えている。

15　**de ciudad en ciudad**　「街から街へと」。

16　**camino de ...**　「～に向かって」。

17　**funámbulo**　「綱渡り師」。

Venimos de los calores sofocantes del trópico y nos dirigimos hacia los fríos polares —ha sido el saludo del capitán.

—¿Siempre hace tanto frío por aquí?

—En el mar, el tiempo es caprichoso. Estamos descendiendo: debéis abrigaros.

—Nosotros ya lo hemos hecho, pero no sé si los ruiseñores podrán aguantarlo. 5

—La naturaleza es sabia; confiemos[1] en su abrigo de plumas.

Con esta temperatura, los pasajeros que quedan no pisan la cubierta, se quedan en sus camarotes o en la cantina. Yucatán tampoco ha subido a practicar.

Me preocupan: papá y los ruiseñores.

—Quizá deberíamos haberlos soltado en Buenos Aires —ha insistido Nela por 10 enésima vez[2]—; desde allí, huyendo del otoño que se avecina, habrían volado hacia las tierras tropicales del Brasil, y después se habrían extendido por todo el continente.

Quizá lleve razón pero, ahora, ¡qué más da! Si hemos metido la pata[3] ya no tiene remedio. Solo nos queda tratar de llegar con los ruiseñores hasta Valparaíso. A veces mi hermana se pone muy pesada. 15

Después de hacerles las albondiguitas y de dárselas, nos hemos metido en nuestro camarote buscando algo de calor.

Vicentito

---

1 **confiemos**　confiar の接続法現在 1 人称複数。「～しましょう」という勧誘表現。

2 **por enésima vez**　「何度目になるかしつこく」。enésimo, -ma は、不定整数を表す「n 番目の」の意。

3 **meter la pata**　「失敗を犯す」。

Han muerto muchos esta noche. Muchos. Más de cien. Tantos que no los hemos contado. Faustino y el capitán nos han ayudado a sacarlos de las jaulas y a echarlos por la borda. Hace un frío espantoso, el mar está revuelto y las olas se encabritan. He tenido vómitos por el frío, por los ruiseñores muertos y por el mar. Nunca me había pasado algo así.

—¡Menuda escabechina!¹ —ha exclamado Faustino ante tantas víctimas.

El capitán nos ha aconsejado que² bajáramos a nuestro camarote. Pero Faustino ha dicho que lo mejor sería meter las jaulas dentro de la caseta de la *Jacinta*.

—La *Jacinta* desprende un calor maternal.

Lo hemos hecho a toda velocidad³. ¡Ya se nos podía haber ocurrido ayer! No creo que queden más de sesenta o setenta ruiseñores vivos.

Desde luego⁴, Faustino tiene mucha razón: ¡menuda escabechina más grande!

En este momento, todo depende de la *Jacinta*, del calor que pueda darles. Antes les proporcionaba moscas y ahora, calor. Ella es muy generosa y muy resistente, le da lo mismo⁵ el frío o el calor: lo aguanta todo.

Hemos llegado al camarote ateridos de frío. Cuando hemos visto a mamá no hemos podido contener la pena y nos hemos puesto a⁶ llorar abrazados a ella. Hemos estado un buen rato desahogándonos en su regazo.

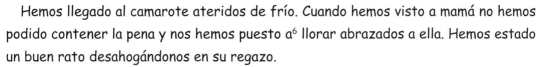

1　**¡Menuda escabechina!**　「なんてひどいありさまだ」。
2　**aconsejar que** ＋ **接続法** (bajáramos ← bajar)　「〜するように助言する」。
3　**a toda velocidad**　「全速力で」。
4　**desde luego**　「もちろん」。
5　**darle lo mismo a** ＋ **人**　「（主語を人が）意に介さない」。
6　**ponerse a** ＋ **不定詞**　「〜し始める」。abrazados a ...（「〜に抱きついて」）は llorar の主格補語で、nosotros (Vicentito y yo) に性数一致している。

—Pobres criaturas[7] —repetía mamá una y otra vez[8].

Aunque en realidad, no sé si se refería a los ruiseñores o a nosotros.

—Dentro de muy pocos días llegaremos a casa y veréis a los abuelos, a los tíos y a los primos. Pensad en ellos. Lo vais a pasar muy bien.

5   Mamá trata de consolarnos para que no nos acordemos de los ruiseñores, pero eso es imposible; gracias a ellos este viaje ha sido inolvidable.

Vicentito y yo estamos helados. Nos hemos pasado todo el día yendo del camarote a la caseta de la *Jacinta* y de la caseta al camarote. Hemos pensado mucho en acudir a papá, pero mamá nos ha repetido que no podemos distraerle. Mañana será otro día.

Nela

---

7   **criaturas**　本来「(神の) 被造物」だが、「子供たち」の意も持つ。

8   **una y otra vez**　「何度も」。

Hoy ha sido un día triste. Hemos amanecido[1] en el estrecho de Magallanes; el *Tierra del Fuego* está atravesando la Tierra del Fuego. No me explico por qué la llaman así, ¡con esta temperatura! El mar sigue picado <<como un caballo que se encabrita y que echa espuma por la boca>>, como le gusta decir al capitán. Lo mismo que[2] las olas. 5

Imaginaba el estrecho más estrecho[3], pero no hay peligro alguno de embarrancar. La costa, llena de entrantes y salientes[4], queda lejos a babor y a estribor.

Bajo un cielo de nubarrones[5] oscuros, las gaviotas 10 nos han acompañado con sus graznidos sobrevolando el barco. A la entrada del estrecho, todavía en mar abierto, en el Atlántico, hemos avistado dos ballenas enormes que dejaban caer sus colas[6] contra el agua y lanzaban al aire potentes surtidores. Luego, en 15 los acantilados hemos visto pingüinos que parecían diminutos directores de orquesta. Solo los conocía por las ilustraciones de los libros y han resultado ser unos animales curiosos por ese dengue[7] que hacen al andar y por cómo se agrupan, como si fueran[8] un rebaño. El estrecho me hace sentir[9] 20 intranquilo y me provoca escalofríos.

---

1 **amanecer** 「夜明けを迎える」。

2 **lo mismo que ...** 「〜と同じように」。

3 **imaginaba el estrecho más estrecho** el estrecho は imaginar の直接目的語。形容詞の比較級 más estrecho は、その補語。

4 **entrantes y salientes** 「入江と岬」。

5 **nubarrones** 「大きく厚い雲」。単数形は nubarrón。nube「雲」+ arrón 形容詞（増大辞）。

6 **dejar + 不定詞 + 直接目的語** 放任の表現。「（直接目的語を）〜させておく」。

7 **el dengue** 「気取った様子」。

8 **como si + 接続法過去** (fueran ← ser) 「まるで〜であるかのように」。

9 **hacer + 不定詞 + 直接目的語** 使役の表現。「（直接目的語に）〜させる」。

Sin embargo hoy, sobre todo, ha sido un día triste. Nela y yo, nada más vestirnos[10], hemos subido a cubierta. Ya estaban allí el capitán y Faustino. Ellos también han pasado una mala noche preocupados por los ruisñores. No ha quedado ni uno solo vivo. Ni uno. El calor de la *Jacinta* no ha sido suficiente. Hemos pasado la mañana mirando las jaulas
5 vacías después de lanzar los cuerpecitos[11] al mar. Estamos tristes, muy tristes. El sueño de papá, ese bonito sueño que confiábamos ver hecho realidad[12], se ha esfumado. Definitivamente. Una catástrofe.

América, al menos de momento[13], se quedará sin ruiseñores; y los chilenos, los peruanos, los ecuatorianos, los colombianos, los bolivianos... no van a saber lo que es el trino de un
10 ruiseñor.

Mientras tanto[14], tendrán que conformarse con ruiseñores como Yucatán. Porque Yucatán, como él mismo proclamaba, tiene algo de ruiseñor.

Queríamos ver a papá. Necesitábamos deicírselo. Y hemos ido.

Nos ha recibido con cara de sueño.

15 —Lo sé, lo sé —ha sido su recibimiento para ahorrarnos las explicaciones—, lo he visto todo en un sueño negro.

Papá es así. Él es poeta y los poetas se huelen[15] lo que va a pasar.

Sus palabras sonaban amargas, pero resignadas[16].

—Y tu trabajo, papá, ¿cómo va? —le he preguntado para no atosigarle más.

20 —Mal, muy mal, la poesía es escurridiza[17] como los peces; acabo de romper todas las cuartillas[18]. Tanto encierro tampoco ha servido para nada. Dos golpes en un mismo día. Otra vez será.

—Hemos fracasado, papá— ha admitido Nela, un poco trágica.

---

10 **nada más** + 不定詞　「～するとすぐに」。

11 **los cuerpecillos**　「小さな亡骸（なきがら）」。cuerpo + 縮小辞 -ecito (-ito の異形)

12 **ese bonito sueño que confiábamos ver hecho realidad**　「現実となるのを見届けることができると信じていたあのすばらしい夢」。先行詞の ese bonito sueño は、ver の直接目的語。hecho は hacerse（「なる」）の過去分詞。

13 **de momento**　「当面」。直前の al menos は「少なくとも」。

14 **mientras tanto**　「その傍らで」。

15 **olerse**　「察知する」。

16 **Sus palabras sonaban amargas, pero resignadas.**　形容詞 amargo, -ga と resignado, -da はいずれも、sonar の主語 sus palabras に性数一致している。

17 **escurridizo, -za**　「捉えがたい」。

18 **cuartillas**　「原稿」。

84

—No, no, no hemos fracasado; fracasan los que nunca lo intentan.

Y no he podido evitar preguntar:

—¿Lo intentaremos de nuevo?

—Por supuesto.

—¿Con los ruiseñores también? 5

—Tamibién con los ruiseñores, cuando el barco sea[19] más veloz, para que no pasen[20] tantos días dentro de una jaula. Los poetas somos como los niños, que cuando aprenden a andar se caen, pero tras la caída se levantan y comienzan de nuevo. Una y otra vez. La vida es una carrera de obstáculos. Pero ahora vamos a olvidarnos de la poesía y de los ruiseñores; id a llamar a mamá y subid con ella a cubierta. Quiero pasear abrazado 10 a mi familia contemplando el mar.

—Papá —le he advertido—, hace mucho frío arriba.

—Muchísimo —ha precisado Nela.

—Por eso, precisamente, quiero sentir vuestro calor cerca. Si estoy junto a vosotros el frío no importa. 15

Vicentito

---

19 **cuando** + 接続法現在 (sea ← ser)　未来を表す。
20 **para que** + 接続法 (pasen ← pasar)　目的を表す。

13 *Acabemos por el final*

En aquella época la prensa recogía la noticia de la llegada a los puertos de los grandes trasatlánticos. Para el *Tierra del Fuego* su atraque en Valparaíso no fue el único motivo de interés, la presencia entre sus pasajeros de Vicente Huidobro acompañado de su familia generó tal expectación que los reporteros esperaron durante horas el desembarco del ilustre poeta chileno con la esperanza de obtener una entrevista.

El anhelo de repoblar el continente con los pájaros canoros europeos no pasó desapercibido entre los cronistas y Huidobro se vio interrogado una y otra vez sobre la extravagancia de su aventura.

—¿Extravagante? La belleza nunca es extravagante, la belleza es una necesidad, un sueño que hay que perseguir. Sin ella el mundo sería un erial.

—¿Tan hermoso es el canto de los ruiseñores?

—Hermosísimo[1]. Escuchar sus trinos en la madrugada trastoca los sentidos. Cuando reparé por primera vez en su canto, noté una iluminación interior de tal voltaje que me sentí con la fuerza de una central eléctrica[2] capaz de suministrar energía a una ciudad de cincuenta mil habitantes. Su canto herido de amor hace temblar el universo[3].

—¿Insistirá en ese empeño?

—Por supuesto. Las estrellas son de quien las trabaja. En eso consiste la poesía, en perseguir un destello, en caer y en volver a intentarlo. Aunque fracases[4]. Y eso han hecho mis hijos, Nela y Vicentito, luchando denodadamente por estos ruiseñores. Han sido protagonistas del más hermoso de los poemas. La poesía es un camino y ellos lo han recorrido. Están preparados; ahora puedo afirmar que son aprendices de poetas.

---

1 **hermosísimo** hermoso, -sa + ísimo, -ma。絶対最上級。

2 **una central eléctrica** 「発電所」。

3 **hacer** + 不定詞 + 直接目的語 「（直接目的語を）〜させる」。使役表現。

4 **aunque** + 接続法 (fracases ← fracasar) 「たとえ〜であるとしても」。仮定の譲歩。譲歩の内容が事実である場合は、+ 直説法。

Agradecimientos

En Cambrils, Tarragona[xxxiii], en el verano de 2005, en un encuentro sobre oralidad[1], el poeta Juan Carlos Mestre[xxxiv] me contó la historia de la vaca y los ruiseñores de Vicente Huidobro. Durante un tiempo la historia anidó en mi cabeza como una primavera feliz.

En febrero de 2009, en un encuentro de narradores orales en El Escorial[xxxv], el ilustrador Pablo Amargo[xxxvi] proyectó imágenes de un libro que le había encargado el Instituto de Comercio Exterior[2] sobre los treinta productos más insólitos que se exportan en España. El primero de ellos era la mosca, en concreto[3] se trataba de la mosca española[4], que, en ciertos países orientales, es muy apreciada por sus alas.

Pablo Amargo removió mi memoria y fue entonces cuando recuperé la historia contada por Mestre en Cambrils. A ambos agradezco su contribución involuntaria en la germinación de este libro.

Javier Sáez habla con los pájaros de Segovia[xxxvii], sigue sus vuelos, observa sus costumbres y los protege de la mano airada de ciertos depredadores de dos patas. Es un sabio que me ha orientado muchas veces sobre los hábitos de los pájaros en los encuentros casuales que, de cuando en cuando, mantenemos en la plaza Mayor.

Otro tanto cabría decir de Jesús Martínez, de la librería Alcaraván de Urueña (Valladolid)[xxxviii], todo el día con la cabeza a pájaros.

Miguel Ángel de Santos, ganadero de Muñoveros (Segovia), aclaró las dudas técnicas que le planteé sobre la vaca *Jacinta*.

A todos, gracias.

---

1 **oralidad** 「口承」← oral「口述の」。-idad は形容詞を名詞化する。
2 **Instituto de Comercio Exterior** スペイン貿易投資庁 (ICEX)。
3 **en concreto** 「具体的には」。
4 **la mosca española** スパニッシュフライ。ツチハンミョウ科の甲虫。含有成分が催淫剤に使われる。

登場人物、地名等 （全章を通しての注）

i   **Vicente Huidobro**　ビセンテ・ウイドブロ。チリの詩人。詩語による新しい世界の創造性をうたうクレアシオニスム（創造主義）を唱えた。主要な詩集に『四角い地平線』*Horizon Carré* (1917)、『赤道』*Ecuatorial* (1918)、『アルタソル』*Altazor* (1931)。

ii   **Manuela Portales**　マヌエラ・ポルタレス。ビセンテの妻。チリでは夫婦別姓。

iii   **Aresenia**　アルセニア。ウイドブロ家の子守。

    Segunda　セグンダ。ウイドブロ家の子守。

iv   la *Jacinta*　ハシンタ。ウイドブロ家所有の牝牛。

v   **Nela (Manuela)**　ネラ（マヌエラの愛称）。ビセンテの娘。

    Vicentito　ビセンティト。ビセンテの息子。

vi   **Faustino**　ファウスティノ。ハシンタの飼育係。

vii   **Ernesto Guajardo**　エルネスト・グアハルド。大西洋連絡船ティエラ・デル・フエゴ号の船長。

viii   **Valparaíso-Buenos Aires-Cádiz-Barcelona**　いずれも港湾都市。バルパライソはチリの主要な港で、首都サンティアゴの西方に位置する。ことにパナマ運河開通 (1914) 以前は、南回りの船舶の南アメリカ大陸太平洋岸における重要な寄港地であった。アルゼンチンの首都ブエノスアイレスはラプラタ川の河口に位置するが、そのまま大西洋に通じている。一方、スペイン最古の都市カディスも、地中海ではなく大西洋に面する。大航海時代にはアメリカ大陸を目指す艦隊の重要な基地となった。カタルーニャ州の州都バルセロナも、地中海貿易の中心地のひとつとして長く栄えてきた。

ix   **San Sebastián**　サン・セバスティアン。スペイン北部、バスク地方の街。

x   **María Luisa Férnandez**　マリア・ルイサ・フェルナンデス。ビセンテの母。つまり、ビセンティトとネラの祖母。Monna Lissa の筆名で自ら詩を書いている。

xi   **Barrio Latino**　パリの学生街として知られたカルチェ・ラタン Quartier latin を指す。

xii   **Arturo Vila**　アルトゥロ・ビラ。ウイドブロの友人。

xiii   **Mallorca**　マリョルカ島。地中海、スペインのバルセロナ沖に位置するバレアレス諸島で最大の島。後出のパルマ・デ・マリョルカ Palma de Mallorca は同島の中心都市で、バレアレス自治州の州都。その歴史は古く、ローマ時代にはすでに繁栄を誇った。

xiv   **Selva**　セルバ。マリョルカ島内陸部の町。現在の人口は 4,000 人弱。

xv   **Inca**　インカ。ここではアンデス地域に栄えた文明ではなく、マリョルカ島内の街の名前。現在の人口は約 3 万人。

xvi   **Pau Pina**　ビラの農園で働く農夫。

xvii   **la sierra de Tramontana**　トラムンタナ山脈（カタルーニャ語の呼称は Serra de Tramuntana）。マリョルカ島の北西岸に連なる山脈。山腹の急斜面に拓かれた棚田が形成する文化的景観は、世界遺産の指定を受けている。

xviii   el *Jaime I* (primero)　「ハイメ一世号」。ハイメ一世 (1208-1276。カタルーニャ語名、ジャウマ一世 Jaume I) は、アラゴン王国の王。「征服王」の異名をとった。

xix   **la Sagrada Familia**　サグラダ・ファミリア教会。名称は「聖家族」の意。

xx **Antoni Gaudí** アントニ・ガウディ (1852-1926) はスペインの建築家。主要な作品にカザ・ミラ、カザ・バトリョ、グエイ公園など。

xxi **el señor Duvalier** デュヴァリエ先生 (フランス語の苗字)。パリでネラとビセンティトを教えた。

xxii **el Mediterráneo, el Atlántico y el Pacífico** それぞれ「地中海」、「大西洋」、「太平洋」。

xxiii **las islas Canarias** カナリア諸島。アフリカ北西部モロッコの沖合、最短で 100 キロメートルほどのところに浮かぶスペイン領の 7 つの島。うち最大となるテネリフェ島のサンタ・クルス・デ・テネリフェは、欧米両大陸を行き来する船が寄港する重要な港として大航海時代より栄えた。

xxiv **océano Glaciar Antártico** 南極海。océano Austral とも。glacial は「氷河の」の意。

xxv **el estrecho de Magallanes** マゼラン海峡。ポルトガルの航海者マゼランの原語名はマガリャインス Magalhães。

xxvi **Pernambuco** ペルナンブコ。ブラジル北東部の州。都市と後述されているので、旧名が同じであるその州都レシフェ Recife を指していると思われる。

xxvii **el cabo San Roque** サンロケ岬。ブラジル北東部の大西洋岸に位置する。諸島部を除けば、もっともアフリカ大陸に近い。

xxviii **el golfo de Guinea** ギニア湾。西アフリカの大西洋沿岸、リベリア南東部のパルマス岬からガボンのロペス岬にかけてを呼ぶ。

xxix **La isla Fernando de Noronha** フェルナンド・ジ・ノローニャ島。ブラジル、ペルナンブコ州の同名の諸島の本島。島名が由来するポルトガルの航海者の名前は、正しくはフェルナン・デ・ロローニャ Fernão de Loronha (1470? –1540)。

xxx **Río de Janeiro** リオ・デ・ジャネイロ。現地語では、Rio de Janeiro。内陸にあるサンパウロに次いでブラジル第二の人口を誇る港湾都市。

xxxi **Patagonia** パタゴニア。南アメリカ大陸最南部、コロラド川およびネグロ川以南に広がる一帯。アルゼンチン領とチリ領からなるが、前者のみを指す場合が多い。漁業や捕鯨、やせた土地での牧羊のような産業が営まれる他、石油や鉱物資源を産する。

xxxii **Yucatán** ユカタン。ブエノスアイレスでティエラ・デル・フエゴ号に乗り込んできたメキシコ人のピエロ。メキシコの南端からメキシコ湾とカリブ海のあいだに突き出た半島と同名。

xxxiii **Cambrils, Tarragona** カンブリスは、カタルーニャ自治州、タラゴナ県所在のリゾート地。

xxxiv **Juan Carlos Mestre** フアン・カルロス・メストレ (1957)。スペインの詩人。作品に『赤い館』 *La casa roja* (2008) 、『パン屋の自転車』 *La bicicleta del panadero* (2012)など。

xxxv **El Escorial** エル・エスコリアル(エル・エスコリアル・デ・サン・ロレンソとも)。マドリード自治州、マドリード県の街。16 世紀に国王フェリーペ 2 世が造成させた同名の王宮兼修道院がある。

xxxvi **Pablo Amargo** パブロ・アマルゴ (1971)。スペインのイラストレーター。ニューヨーク・タイムス紙や、スペインの主要紙エル パイスなどにも寄稿する。ニューヨーク・イラストレーター協会金賞など、受賞多数。

xxxvii **Segovia** セゴビア。カスティリャ・イ・レオン自治州、セゴビア県の街。ローマ時代の水道橋、「貴婦人」と呼ばれる大聖堂、旧市街の西端の岩山に立つ城塞アルカサルなどで知られる。

xxxviii **Urueña (Valladolid)** ウルエニャ。カスティリャ・イ・レオン自治州、バリャドリード県の街。古い市壁がよく保存されており、街並みも中世の趣を残す。

1頭の牝^め牛と2人の子どもと300羽のナイチンゲール
―やさしいスペイン語中級読み物―

| 検印
省略 | © 2021年1月30日 | 初版発行 |

編 者　　　　　　　　　　　　　　　　鼓　　宗

発行者　　　　　　　　　　　　　　原　雅　久
発行所　　　　　　　　　　株式会社　朝 日 出 版 社
　　　　　　　　　101-0065　東京都千代田区西神田3-3-5
　　　　　　　　　　　　　電話　03-3239-0271/72
　　　　　　　　　　　　　振替口座　00140-2-46008
　　　　　　　　　　　　　http://www.asahipress.com/
　　　　　　　組版　クロス・コンサルティング/印刷　錦明印刷